MANUEL ÉLÉMENTAIRE DE

DROIT CONSTITUTIONNEL

A L'USAGE

DES ETUDIANTS EN DROIT DE PREMIÈRE ANNÉE

SUIVI :

D'un résumé en tableaux synoptiques
et
d'un Recueil méthodique des principales questions d'examen

PAR

RENÉ FOIGNET

Docteur en droit.

PARIS

LIBRAIRIE NOUVELLE DE DROIT ET DE JURISPRUDENCE

ARTHUR ROUSSEAU, ÉDITEUR

14, RUE SOUFFLOT, ET RUE TOULLIER, 13

1895

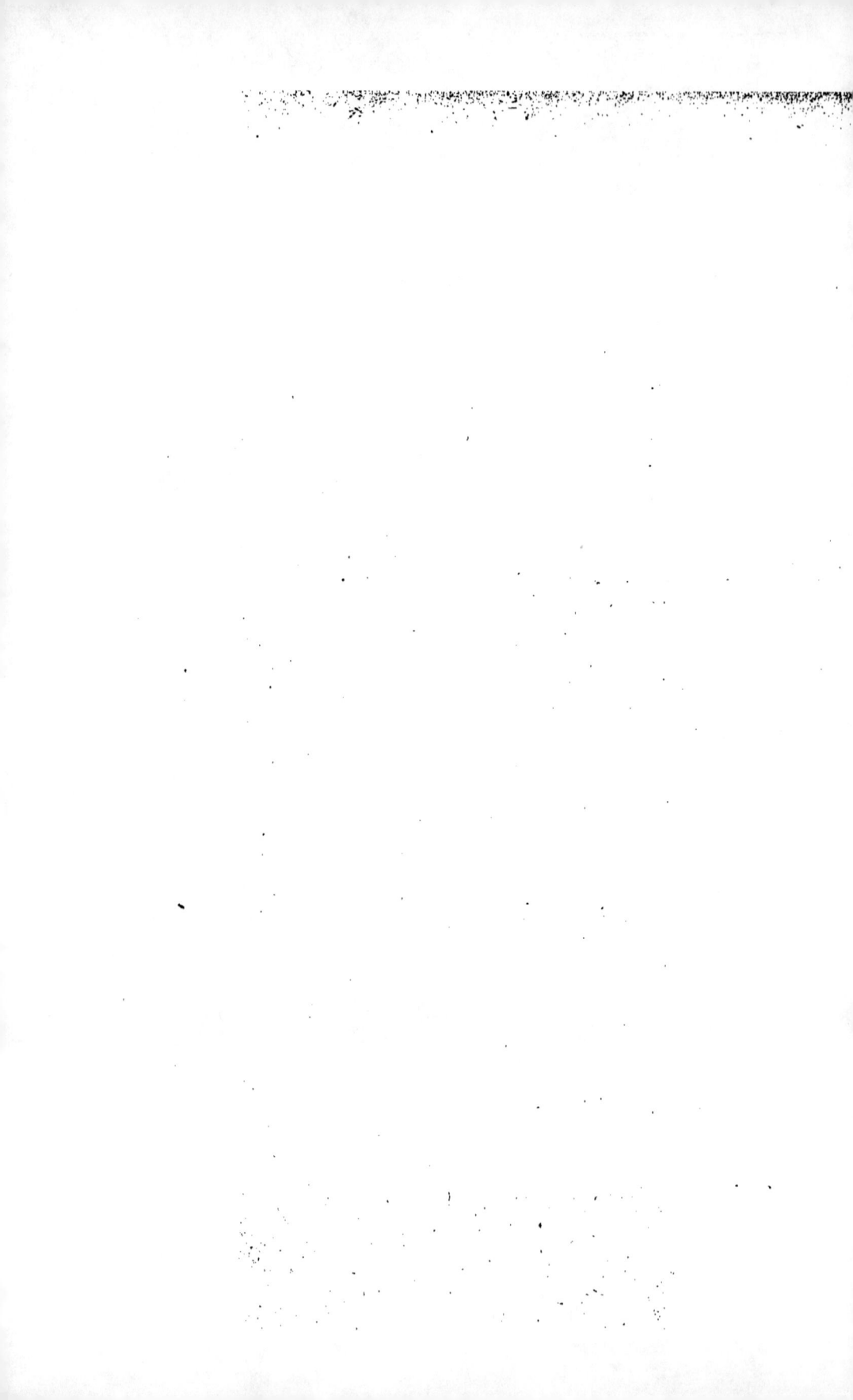

MANUEL ÉLÉMENTAIRE

DE

DROIT CONSTITUTIONNEL

DU MÊME AUTEUR.

Des gains conventionnels de survie entre époux, *en Droit romain, dans l'ancien Droit français, et dans le Droit français actuel* (ouvrage couronné par la Faculté de Droit de Toulouse, 1887) (épuisé).

Manuel élémentaire de droit international public, *à l'usage des étudiants en droit et des Candidats aux carrières diplomatique et consulaire.* 1892, Arthur Rousseau, éditeur. . . . . 6 fr.

Manuel élémentaire de droit administratif, *conforme aux nouveaux programmes* (2e édition). 1893, Arthur Rousseau, éditeur, ... 6 fr.

Examen critique d'une proposition de loi de M. Edouard Le Roy, *tendant à combattre la dépopulation* (épuisé).

MANUEL ÉLÉMENTAIRE

DE

DROIT CONSTITUTIONNEL

A L'USAGE

DES ETUDIANTS EN DROIT DE PREMIÈRE ANNÉE

SUIVI :

D'un résumé en tableaux synoptiques

et

d'un Recueil méthodique des principales questions d'examen

PAR

RENÉ FOIGNET

Docteur en droit.

———

PARIS

LIBRAIRIE NOUVELLE DE DROIT ET DE JURISPRUDENCE

ARTHUR ROUSSEAU, ÉDITEUR

14, RUE SOUFFLOT, ET RUE TOULLIER, 13

—

1895

MANUEL ÉLÉMENTAIRE

DROIT CONSTITUTIONNEL

NOTIONS PRÉLIMINAIRES

Définition. — Le droit constitutionnel est cette branche du droit public qui détermine la forme de l'Etat, ses organes supérieurs, et l'étendue de leurs pouvoirs à l'égard des particuliers (1).

Sous une autre forme, on peut dire que le droit constitutionnel est l'ensemble des règles qui font connaître la constitution politique d'un Etat.

Des diverses sortes de constitution. — Une constitution peut être écrite ou coutumière.

Elle est *écrite*, lorsqu'elle résulte de textes législatifs, délimitant d'une façon précise les règles fondamentales des pouvoirs publics d'un Etat.

Elle est *coutumière*, lorsqu'elle est le résultat d'une évolution lente des institutions dans un Etat, et d'une pratique constante consacrée par l'usage et la tradition historique.

La constitution anglaise est le type des constitutions non écrites. Elle réside tout entière dans la coutume, à part quelques textes écrits, tels que la Déclaration des droits de 1689,

(1) M. Esmein à son Cours.

1

l'acte d'établissement de 1701, l'acte d'union avec l'Ecosse de 1707, et l'acte d'union avec l'Irlande de 1800.

Au contraire, la plupart des constitutions modernes sont écrites : telles, les diverses constitutions qui se sont succédé en France, depuis 1789 ; la constitution des Etats-Unis, etc.

Différences entre les lois constitutionnelles et les lois ordinaires. — Les lois constitutionnelles diffèrent sur deux points des lois ordinaires :

1º Tandis que les lois ordinaires sont votées par les assemblées législatives, délibérant d'une façon distincte et séparée, les lois constitutionnelles émanent d'une assemblée *constituante* composée des membres des deux Chambres réunies en une seule ;

2º Tandis que les lois ordinaires sont modifiées ou abrogées par suite du fonctionnement régulier et normal du pouvoir législatif, une procédure spéciale est nécessaire pour la révision des lois constitutionnelles.

Ainsi, d'après la constitution de 1875, il faut d'abord que les deux Chambres adoptent séparément le principe de la révision de la Constitution ; cela fait, elles se réunissent en assemblée nationale pour opérer la révision elle-même (1).

Du droit constitutionnel et du droit administratif. — Le droit constitutionnel et le droit administratif sont deux branches distinctes du droit public interne. Ils ont un objet commun, déterminer l'organisation des pouvoirs publics dans l'Etat, et l'étendue de leurs droits à l'égard des citoyens.

Mais, tandis que le droit constitutionnel s'occupe des organes supérieurs de l'Etat, le droit administratif est relatif aux organes inférieurs.

En d'autres termes, le droit constitutionnel se borne à tracer le plan d'ensemble du fonctionnement des pouvoirs publics, le droit administratif détermine les détails de ce fonctionnement dans ses moindres organes.

On peut dire encore que le droit constitutionnel pose les principes, et que le droit administratif, en règle l'application.

Exemple : Le droit constitutionnel pose le principe de la sou-

(1) Les constitutions qui, comme celles de 1875, soumettent la révision de la constitution à l'accomplissement d'une procédure exceptionnelle sont dites *constitutions rigides* ; la constitution anglaise qui peut être modifiée par le jeu normal du pouvoir législatif, comme une loi ordinaire, est dite au contraire *constitution souple*.

veraineté nationale ; mais, c'est le droit administratif qui en assure la mise en vigueur, en déterminant les conditions dans lesquelles doivent se faire les élections (1).

Plan de l'ouvrage. — Nous avons dit, dans la définition que nous avons donnée du droit constitutionnel (2), que c'était un ensemble de règles déterminant : la forme de l'État, ses organes supérieurs, et l'étendue de leurs pouvoirs à l'égard des citoyens.

Cette définition nous fournit la division de notre ouvrage en trois parties fondamentales :

Ire partie : La forme de l'État ;

IIe partie : Les organes supérieurs de l'État ;

IIIe partie : L'étendue des pouvoirs des organes supérieurs de l'État à l'égard des citoyens.

(1) Voir notre *Manuel élémentaire du droit administratif*, p. 5.
(2) Page 1, *suprà*.

PREMIÈRE PARTIE

LA FORME DE L'ETAT.

Définition de l'Etat. — L'Etat est une réunion d'hommes, habitant le même territoire et soumis au même gouvernement.

Définition de la nation. — Une nation est une réunion d'hommes ayant la même origine, les mêmes traditions, les mêmes mœurs, les mêmes aspirations.

D'ordinaire, les membres d'une nation parlent tous la même langue et habitent le même territoire. Il peut cependant en être différemment.

Ainsi, en Suisse, la même langue n'est pas en usage dans tous les cantons. On parle français à Genève, allemand à Zurich, italien dans les Grisons.

Il peut aussi arriver que les membres d'une même nation soient dispersés sur des territoires différents.

Différence entre l'Etat et la nation. — De tout ce qui précède il résulte que l'Etat et la nation sont deux choses différentes, qu'il faut se garder de confondre.

L'Etat éveille l'idée d'un *lien politique*, la nation l'idée d'un *lien purement moral*.

Il peut y avoir un Etat sans nation correspondante : tel l'empire d'Autriche-Hongrie, qui est un Etat, mais ne constitue pas une nation.

A l'inverse, une nation peut exister, sans qu'il y ait un Etat correspondant : par exemple, la Pologne n'est plus un Etat, mais forme encore une nation ; de même, l'Italie, avant 1860, était une nation, mais n'était pas encore un Etat.

Diverses formes que peut affecter un Etat. — Un Etat peut être simple ou composé.

Un Etat simple ou unitaire est celui qui est en possession d'une unité parfaite, et forme un tout homogène et indivisible.

Comme exemples, on peut citer, la France, l'Italie, l'Espagne.

Un Etat composé est celui qui est formé par l'union plus ou moins étroite de deux ou de plusieurs Etats.

Diverses espèces d'Etats composés. — Les Etats composés affectent diverses formes : Union personnelle, union réelle, union incorporée, confédération d'Etats, Etat fédéral.

a) *Union personnelle.*

Définition. — Il y a union personnelle, lorsque deux Etats se trouvent placés sous l'autorité suprême d'un même souverain, pour le temps que durera son règne ou sa dynastie, tout en conservant une personnalité distincte, tant à l'intérieur qu'à l'extérieur.

Caractères de l'union personnelle. — L'union personnelle est caractérisée par deux traits principaux :

1° Elle constitue une situation temporaire. Elle cesse d'exister à la fin du règne ou à la fin de la dynastie pour laquelle elle a été établie ;

2° Elle laisse subsister la personnalité distincte de chacun des Etats qui la composent, tant au point de vue de sa constitution interne qu'au point de vue des relations extérieures.

Chaque Etat de l'union a son gouvernement propre et ses représentants diplomatiques à l'étranger.

Il n'y a qu'un point commun : le souverain.

Exemples d'union personnelle. — La Hollande et le grand duché de Luxembourg formaient une union personnelle, jusqu'à la mort du roi de Hollande, Guillaume III, survenue le 23 novembre 1890 : cette mort a mis fin à l'union.

Il n'existe plus aujourd'hui qu'un exemple d'union personnelle : celle de la Belgique et de l'Etat libre du Congo. En 1885, le roi des Belges, Léopold II, a été autorisé à devenir le souverain du Congo. Cette union ne doit durer que jusqu'à sa mort.

b) *Union réelle.*

Définition. — Deux Etats forment une union réelle, lorsque d'une façon définitive, ils sont placés sous l'autorité suprême d'un même souverain, et que, tout en conservant, au point de vue intérieur, une personnalité distincte, avec une constitution et un gouvernement propres, ils ne forment plus qu'un seul État, au point de vue des relations extérieures.

Caractères de l'union réelle. — Différences avec l'union personnelle. — L'union réelle présente deux caractères :

1° Elle est perpétuelle, à la différence de l'union personnelle qui est temporaire ;

2° Elle laisse subsister la personnalité de chacun des États de l'union, au point de vue interne, comme l'union personnelle ; mais, à la différence de l'union personnelle, elle ne laisse subsister qu'une seule personnalité, celle de l'union, au point de vue des relations extérieures.

En d'autres termes, au cas d'union personnelle, il y a véritablement deux États distincts, à l'intérieur et à l'extérieur ; tandis qu'au cas d'union réelle, il y a bien deux États, à l'intérieur, mais au point de vue international, il n'y a qu'un seul État.

Exemples d'union réelle. — L'Autriche-Hongrie (1), la Suède et la Norwège forment actuellement deux unions réelles d'États.

c) *Union incorporée.*

Définition. — Deux ou plusieurs États forment une union incorporée, lorsque la personnalité de chacun d'eux, interne et externe, est absorbée par la personnalité qui appartient à l'union elle-même.

Caractères de l'union incorporée. — Elle constitue entre les

---

(1) La constitution actuelle de l'empire d'Autriche-Hongrie résulte d'un accord ou compromis intervenu entre les deux fractions de l'empire, sur la base du dualisme. Deux lois en ont fixé les principes : l'une votée par le parlement Cisleithan ou Autrichien, le 21 décembre 1867, l'autre votée par le parlement transleithan ou Hongrois, loi 12 de 1867.

Les organes de la monarchie Austro-Hongroise sont :

1° Le souverain, qui porte, depuis 1867, en signe du dualisme, le titre d'empereur d'Autriche et de roi apostolique de Hongrie ;

2° Le Ministère commun, auquel il est interdit de diriger en même temps les affaires particulières des deux parties de l'empire, et comprenant : le Ministre des affaires étrangères et de la maison impériale, le Ministre des finances, et le Ministre de la guerre ;

3° Les délégations qui sont une émanation des parlements des deux parties de l'empire Reichsrath autrichien et diète hongroise. Il y a deux délégations : l'une, pour l'Autriche, l'autre pour la Hongrie. Chacune d'elles se compose de 60 membres élus : 1/3 par la chambre haute, 2/3 par la chambre basse de chaque parlement. En principe, elles siègent séparément. Le vote concordant des deux délégations sanctionné par l'empereur, est nécessaire pour toute loi d'empire.

Etats un lien plus intime encore que l'union réelle. Il y a absorption des États au profit de l'union à l'intérieur et à l'extérieur. Chaque État ne conserve une certaine individualité, que quant à son administration et à sa législation civile.

Exemple d'union incorporée. — La Grande-Bretagne offre un exemple d'union incorporée des trois royaumes, d'Angleterre, d'Écosse et d'Irlande.

d) *Confédération d'Etats et Etat fédéral.*

Définition. — La Confédération d'États et l'État fédéral constituent deux sortes d'associations politiques entre plusieurs États, pour la défense d'intérêts qui leur sont communs.

Caractères distinctifs de la Confédération d'Etats. — La Confédération d'États présente les caractères suivants :

1° Chacun des États qui la composent conserve sa souveraineté intérieure et sa souveraineté extérieure : il peut notamment, avoir à l'étranger une représentation diplomatique particulière, et conclure des traités.

2° Il n'y a pas un *gouvernement de la Confédération, superposé* au gouvernement de chacun des États, et ayant pour mission l'exécution du pacte fédéral, dans l'intérieur des États ou au point de vue des relations extérieures.

Les affaires qui forment l'objet de l'association fédérale sont traitées dans une diète ou un Congrès, qui constitue, non une *assemblée législative*, mais une *réunion diplomatique*. Les décisions prises dans cette diète ou ce Congrès doivent l'être à l'unanimité des voix, comme dans toute réunion diplomatique.

Enfin, ces décisions ne sont pas obligatoires directement dans les États de la Confédération ; elles ne peuvent être ramenées à exécution que par l'intermédiaire du gouvernement de ces États.

Caractères distinctifs de l'Etat fédéral. — L'État fédéral constitue un *lien plus étroit* que la Confédération d'États.

Il présente les deux caractères suivants :

1° *Au point de vue extérieur*, les membres de l'État fédéral perdent leur souveraineté : ils sont absorbés par la personnalité de l'État fédéral, qui les représente tous à l'égard des États étrangers ;

Au point de vue intérieur, chacun des États conserve bien sa souveraineté, mais amoindrie dans la mesure qui est indispensable pour l'exécution du pacte fédéral.

2º L'État fédéral a un *gouvernement propre superposé* au gouvernement de chacun des États.

Ce gouvernement est chargé de représenter l'État fédéral au dehors ; et, à l'intérieur, il règle toutes les matières qui rentrent dans ses attributions, d'après le pacte fédéral. Les décisions que prend le gouvernement fédéral sont obligatoires directement sur le territoire de chacun des États. C'est en ce dernier point, que sa souveraineté intérieure se trouve amoindrie.

Tendance des Confédérations d'Etats. — La tendance constante des Confédérations d'Etats a été de se transformer en État fédéral ; c'est ce qui résulte de l'histoire des principaux États qui affectent cette dernière forme dans la politique contemporaine, Etats-Unis d'Amérique, Suisse, Allemagne.

Etats-Unis d'Amérique.

Historique. — De 1770, date de la proclamation de leur indépendance, jusqu'en 1787, époque de la révision de la Constitution, les Etats-Unis d'Amérique formaient une *Confédération d'Etats*.

Depuis 1787, ils présentent le type le plus parfait d'un *Etat fédéral*.

Organisation actuelle des Etats-Unis, d'après la Constitution de 1787. — Les Etats-Unis d'Amérique se composent de 42 Etats liés entre eux par un pacte fédéral.

Chacun de ces Etats a, dans l'intérieur de la fédération, une autonomie propre, avec ses lois, son budget, son gouvernement.

Mais, au-dessus de tous ces Etats, il y a l'Etat fédéral, et superposé à tous les gouvernements particuliers, le gouvernement fédéral, qui préside aux relations extérieures, et qui dirige les affaires générales intéressant tous les Etats, dans les limites de la Constitution fédérale.

Composition du gouvernement fédéral. — Le gouvernement fédéral comprend : le pouvoir exécutif, le pouvoir législatif et le pouvoir judiciaire.

Le *pouvoir exécutif* appartient au *Président de la République*. Le président est élu pour quatre ans par une élection à deux degrés. On désigne dans chaque Etat par le *suffrage universel*, un nombre d'électeurs égal au nombre total de sénateurs ou

1.

représentants envoyés par l'Etat au Congrès : ce sont ces électeurs qui nomment le Président.

Le *pouvoir législatif* est confié à deux Chambres : la Chambre des représentants et le Sénat.

La *Chambre des représentants* est nommée pour deux ans par
le *suffrage universel* direct. Elle est l'émanation du peuple des
Etats-Unis.

Le *Sénat* est nommé par les Chambres législatives de chacun
des Etats, à raison de deux membres par Etat, pour six ans. Il
représente les Etats.

Outre son rôle législatif, le Sénat a certaines attributions
importantes au point de vue exécutif. Il forme une sorte de
grand Conseil de gouvernement. Il nomme les ministres, les
agents diplomatiques. Les traités sont négociés par le Président
de la République ; mais ils doivent être approuvés par le Sénat,
à la majorité des deux tiers de ses membres.

Enfin, le *pouvoir judiciaire* est exercé par une Cour suprême
qui s'occupe des intérêts généraux des Etats, dans leurs rapports entre eux et avec les puissances étrangères.

2⁰ Suisse.

Historique. — Jusqu'en 1848, la Suisse apparaît comme une
confédération d'Etats.

Depuis 1848, elle forme un Etat fédéral. La Constitution de
1848 a été révisée et développée par la Constitution de 1874.

Organisation actuelle d'après la Constitution de 1874. —
La Suisse est un Etat fédéral, composé de 22 cantons.

Chaque canton a son gouvernement et ses lois propres, et il
est souverain, en tant que sa souveraineté n'est pas limitée par
la Constitution fédérale.

A l'extérieur, ces divers cantons ne forment qu'un seul Etat
par leur réunion, et au-dessus du gouvernement de tous les
cantons est établi le gouvernement fédéral, siégeant à Berne.

Composition du gouvernement fédéral. — Le gouvernement fédéral comprend : le pouvoir législatif, le pouvoir exécutif et le pouvoir judiciaire.

Le *pouvoir législatif* est confié à une diète composée de deux
Chambres : le *Conseil national* et le *Conseil des Etats.*

Le *Conseil national* est élu pour trois ans par les électeurs de
chaque canton, au *suffrage universel* direct.

Le *Conseil des États* est élu pour cinq ans par l'assemblée du peuple, dans chaque canton, à raison de deux membres par canton.

Le *pouvoir exécutif* appartient au *Conseil fédéral*, composé de sept membres nommés pour trois ans par la diète. Le président du Conseil fédéral, élu pour un an et non rééligible l'année suivante, est le président de la fédération.

Le *pouvoir judiciaire* est exercé par le *tribunal fédéral* dont le siège est à Lausanne. Il statue sur les différends entre les cantons, entre la Confédération et les cantons, et aussi entre particuliers, et enfin sur l'extradition.

3° Allemagne.

Historique. — L'Allemagne a subi trois transformations successives, dans le cours de ce siècle.

Les traités de 1815 avaient organisé la Confédération germanique ; dissoute, en 1866, elle fit place à la Confédération de l'Allemagne du Nord, qui a disparu à son tour, et a été remplacée par l'empire allemand actuel, en 1871.

Empire allemand actuel. — La constitution du 16 avril 1871, qui a jeté les bases de l'unité allemande, s'occupe : 1° de la présidence de la Confédération ; 2° du chancelier de l'empire ; 3° du Conseil fédéral ; 4° du Reichstag.

I° *Présidence de la Confédération.* — La présidence de la Confédération appartient au roi de Prusse, qui porte le titre d'*empereur allemand* : elle se transmet avec la couronne de Prusse, suivant les règles du droit public Prussien.

L'empereur représente l'empire dans ses relations extérieures, nomme les ambassadeurs, reçoit ceux des autres puissances, et passe les traités, sous la réserve, dans certains cas, de la ratification du Conseil fédéral.

A l'intérieur, il promulgue les lois de l'empire et veille à leur exécution.

II° *Le chancelier de l'empire.* — Le chancelier de l'empire est l'auxiliaire immédiat de l'empereur. Il est investi de pouvoirs très étendus.

Il est président du Conseil fédéral, et président du Conseil des ministres de Prusse. Il contresigne tous les actes de l'Empereur, et en assume toute la responsabilité.

III° *Le Conseil fédéral.* — Le Conseil fédéral, présidé, ainsi que nous venons de le dire, par le chancelier de l'empire, est composé de représentants diplomatiques désignés par les gouvernements confédérés. Chacun a au moins une voix : certains en ont davantage ; notamment la Prusse, qui dispose de 17 voix sur 58.

Les attributions du Conseil fédéral sont nombreuses et variées :

1° Il est une *chambre haute*, concourant avec le Reichstag à la confection des lois ;

2° C'est un *Conseil de gouvernement*, intervenant pour déclarer la guerre, réglementer l'exécution des lois, etc. ;

3° C'est un *tribunal*, connaissant les litiges entre les Etats fédérés.

IV° *Le Reichstag*. — Le Reichstag est une assemblée politique, composée de députés, nommés par la population allemande, au *suffrage universel direct*, à raison d'un député par 100.000 habitants.

Ses attributions sont purement législatives. Il vote le budget et les lois de l'Empire.

DEUXIÈME PARTIE

LES ORGANES SUPÉRIEURS DE L'ETAT.

Division de la deuxième partie. — C'est la Constitution de 1875, actuellement en vigueur, qui détermine les règles qui président au fonctionnement des organes supérieurs de l'Etat, en France.

Mais, avant de faire connaître ces règles, il est intéressant : d'une part, d'indiquer quels sont les principes théoriques qui servent aujourd'hui de base commune au droit constitutionnel de tous les peuples civilisés ; et, d'autre part, de donner un aperçu rapide des diverses constitutions qui se sont succédé en France depuis 1789, jusqu'à 1875.

Notre deuxième partie se trouvera ainsi divisée en trois sections :

*I*re *section* : Principes théoriques de droit constitutionnel ;

*II*e *section* : Exposé historique des Constitutions qui se sont succédé en France de 1789 à 1875 ;

*III*e *section* : Règles de l'organisation des pouvoirs publics d'après la Constitution de 1875.

Ire SECTION. — PRINCIPES THÉORIQUES DE DROIT CONSTITUTIONNEL.

Exposé général. — On peut ramener à cinq les principes fondamentaux qui forment la base du droit constitutionnel de la plupart des peuples modernes. Ce sont :

1º Le principe de la souveraineté nationale ;

2º Le principe de la séparation des pouvoirs ;

3° Le régime représentatif avec deux assemblées législatives ;

4° La responsabilité gouvernementale ;

5° Le gouvernement parlementaire.

Ces divers principes n'ont pas tous la même origine : les uns, les deux premiers, sont le résultat spontané des méditations des philosophes du XVIII° siècle ; les autres sont le produit d'une lente évolution des institutions anglaises.

CHAPITRE I⁻ᵉʳ. — DE LA SOUVERAINETÉ NATIONALE.

Définition. — Le principe de la souveraineté nationale est celui en vertu duquel, tous les pouvoirs dans l'Etat émanent de la nation.

Origine historique. — Ce principe a été proclamé pour la première fois, au XVIII° siècle, par J.-J. Rousseau, dans son célèbre ouvrage, le *Contrat social*.

D'après Rousseau(1), l'homme, à l'*état de nature*, aurait vécu, isolément, en possession d'une indépendance absolue. Cet état primitif aurait pris fin plus tard, par suite d'un accord, soit tacite, soit exprès, de tous les hommes, consentant à se réunir pour assurer par l'association le bonheur de tous, en fa abandon au profit de l'ensemble d'une portion de la liberté tière, dont ils avaient joui jusque-là. C'est cette entente, — base fondamentale de toute société humaine organisée politiquement, — que Rousseau appelle contrat social.

Dans ces conditions, chaque homme étant l'égal d'un autre homme, la souveraineté réside nécessairement dans la nation, composée de l'ensemble des citoyens.

Depuis longtemps, cette conception d'un état de nature ayant précédé l'état social a été démontrée inexacte ; l'existence des sociétés étant inhérente à la nature de l'homme qui n'apparaît nulle part vivant d'une façon solitaire.

Quoiqu'il en soit, le principe de la souveraineté nationale que Rousseau, tout le premier, avait dégagé de prémisses reconnues fausses aujourd'hui, est considéré comme une règle essentielle du droit public moderne.

Toutes les constitutions en France depuis 1789 (2) l'ont

(1) Ch. VI, *Contrat social*.

(2) Ce principe était ainsi consacré dans la déclaration des droits de l'homme et du citoyen, mise en tête de la constitution de 1791 : « Le principe de

adopté (1). Seule la Charte de 1814 a refusé de l'admettre, en déclarant dans son préambule, que l'autorité tout entière réside dans la personne du roi, qui tient lui-même sa couronne de Dieu, dont il est le représentant sur la terre.

C'est la théorie opposée du *droit divin*.

Caractères de la souveraineté nationale. — La souveraineté nationale est inaliénable. C'est un principe protecteur dont les générations présentes ne peuvent disposer au détriment des générations futures.

Aussi la théorie Césarienne, comme la doctrine imaginée, récemment par les partisans de la maison d'Orléans en faveur d'une monarchie de droit populaire, qui tendent l'une et l'autre à déléguer la souveraineté nationale à un homme, pour toujours, doivent-elles être considérées comme insoutenables ; car elles violent directement le caractère de l'inaliénabilité.

Comment s'exerce la souveraineté nationale ? — La souveraineté nationale, peut s'exercer de deux façons :

1° Soit *directement*, par la participation effective de tous les citoyens, à la conduite des affaires publiques :

2° Soit *indirectement*, par le droit de votation ; la nation nommant les membres des assemblées législatives.

En raison du trop grand nombre d'individus composant chaque nation, et des questions nombreuses et délicates que fait naître le gouvernement de l'État, c'est, en général, par l'exercice du droit de suffrage que se manifeste la souveraineté nationale.

Cependant, on peut citer deux dérogations remarquables à cette règle :

1° En France, plusieurs constitutions ont été soumises à la ratification populaire : notamment, la Constitution du 24 juin 1793, la Constitution du 22 frimaire an VIII, et les divers sénatus-consultes organisant le gouvernement, sous le premier et le second empire.

2° En Suisse, d'après la Constitution du 24 mai 1874, toute loi votée par le pouvoir législatif doit être soumise à la ratification populaire, lorsque, dans les 90 jours de sa publication,

_____

toute souveraineté réside essentiellement dans la nation. Nul corps, nul individu ne peut exercer d'autorité qui n'en émane expressément.

(1) La constitution de 1875, qui ne contient pas d'exposé théorique, n'en parle pas ; mais elle le reconnaît implicitement.

30.000 citoyens, ou 8 cantons, en ont formulé la demande. C'est le système du *referendum* facultatif.

La souveraineté nationale et le suffrage universel. — Le suffrage universel, c'est-à-dire l'attribution du droit de vote à tous les citoyens, est le corollaire naturel du principe de la souveraineté nationale.

Pourtant, ni la révolution française, ni les Constitutions qui l'ont suivie (1) ne l'ont proclamé. Son adoption définitive date seulement du décret du 5 mars 1848, et il a fallu une autre révolution pour le faire triompher.

—

CHAPITRE II. — PRINCIPE DE LA SÉPARATION DES POUVOIRS.

Définition. — Le principe de la séparation des pouvoirs est celui en vertu duquel les divers pouvoirs de l'État doivent se trouver répartis entre plusieurs autorités indépendantes les unes des autres.

Origine historique. — Cette théorie est également le produit de la philosophie du XVIII⁰ siècle, et c'est Montesquieu qui l'a exposée, le premier, dans son *Esprit des lois*, à propos de la Constitution d'Angleterre. L. XI, ch. VI.

Fondement rationnel. — Elle a pour fondement cette idée que sans la division des pouvoirs, la liberté politique ne peut exister dans un gouvernement.

En effet, lorsque dans la même personne, ou dans le même corps de magistrature, la puissance législative est réunie à la puissance exécutrice, il y a lieu de craindre que le monarque ou le Sénat ne fasse des lois tyranniques, pour les exécuter tyranniquement.

Si la puissance de juger est jointe à la puissance législative, le pouvoir sur la vie et la liberté des citoyens serait arbitraire : car le juge serait législateur. Si elle était jointe à la puissance exécutrice, le juge pourrait avoir la force d'un oppresseur.

Combien y a-t-il de pouvoirs distincts dans un Etat. — Cette question est très controversée.

Nous allons faire connaître les deux théories principales :

1⁰ *Théorie des trois pouvoirs.* — D'après Montesquieu, il y au-

—

(1) Sauf la Constitution de 1793 qui ne fut pas appliquée.

rait trois pouvoirs distincts : le pouvoir législatif, le pouvoir exécutif et le pouvoir judiciaire.

2° *Théorie des deux pouvoirs.* — D'autres auteurs (1) soutiennent, au contraire, qu'il n'y a que deux pouvoirs distincts : le pouvoir législatif, ou pouvoir de faire les lois ; et le pouvoir exécutif, ou pouvoir de les appliquer.

Seulement, le pouvoir exécutif se subdiviserait, à son tour, en trois branches distinctes : *gouvernement, administration* et *justice.*

Le *gouvernement* comprend les organes inférieurs du pouvoir exécutif auxquels est confiée la direction des intérêts généraux du pays, soit au point de vue intérieur, soit au point de vue de ses relations extérieures.

L'*administration* comprend les organes supérieurs du pouvoir exécutif, auxquels, dans une sphère moins élevée, sous l'autorité ou le contrôle du gouvernement, est confiée la direction des intérêts généraux ou locaux, dans l'intérieur du pays.

Conséquences du principe de la séparation des pouvoirs. — La conséquence essentielle du principe de la séparation des pouvoirs, c'est l'indépendance absolue qui doit exister dans l'exercice des pouvoirs constitutifs de l'État.

1° D'une part, il ne suffit pas que les divers pouvoirs se trouvent matériellement entre les mains de personnes différentes ; il faut que ces personnes n'aient aucune action les unes sur les autres pour restreindre ou annihiler l'exercice de leur autorité. Cette indépendance n'existerait pas, si l'un des pouvoirs pouvait être révoqué par l'autre.

2° D'autre part, rien ne s'oppose à ce que l'un des pouvoirs soit chargé de désigner les représentants de l'autre, pourvu qu'une fois constitué, il ne puisse pas être révoqué par les représentants du pouvoir qui l'a nommé.

C'est ainsi, nous le verrons, que, sous l'empire de la Constitution actuelle, le chef de l'État, en France, est désigné par les deux Chambres législatives réunies en Congrès. Mais il ne peut être révoqué par elles.

De même, le pouvoir judiciaire émane du pouvoir exécutif : c'est le gouvernement qui nomme les magistrats. Le principe de la séparation des pouvoirs est suffisamment sauvegardé, par

(1) Ducrocq, *Cours de droit administratif*, t. 1, n° 34.

la garantie de l'*inamovibilité* dont jouissent les membres des Cours et Tribunaux (1).

CHAPITRE III. — LE RÉGIME REPRÉSENTATIF AVEC DEUX ASSEMBLÉES LÉGISLATIVES.

Division du chapitre. — Dans la plupart des Etats modernes soumis au régime constitutionnel, le pouvoir législatif appartient à deux assemblées, dont l'une est issue du suffrage populaire, et représente l'ensemble des citoyens, et dont l'autre est composée de hauts dignitaires de l'empire, des membres de la noblesse, de privilégiés, ou bien est élue par un collège électoral plus restreint.

Il en est ainsi, notamment en France, avec la Chambre des députés et le Sénat, en Angleterre avec la Chambre des Communes et la Chambre des lords.

Nous allons examiner successivement :

1º L'origine de ce système de gouvernement ;

2º Si la dualité des Chambres législatives est préférable à l'existence d'une Chambre unique.

Origine historique. — **Evolution des institutions anglaises**. — Le droit constitutionnel de l'Angleterre qui a servi de modèle à tous les états modernes n'est que le résultat d'une transformation lente des institutions du moyen âge, en faveur de la liberté.

Après la conquête normande en 1066, le régime féodal s'était établi en Angleterre, comme dans toute l'Europe. Le roi gouvernait, comme en France, assisté d'un *magnum consilium*, ou *parlamentum* ou *Curia regis*, composé des grands vassaux du royaume.

Plus tard, en 1624, le roi convoqua, à côté des grands feudataires, les délégués des Comtés, villes et bourgs. Cette habitude s'établit définitivement le jour où Edouard Iᵉʳ, en 1297,

---

(1) Quelques-uns estiment cependant que le pouvoir judiciaire devrait avoir une origine distincte et ne pas être subordonné pour la nomination et l'avancement de ses membres au bon plaisir du gouvernement : et ils proposent l'élection des juges. Mais ce système présenterait des inconvénients et entraînerait des abus plus considérables que ceux qui résultent du régime actuel.

déclara spontanément qu'il ne lèverait plus d'impôts sans l'assentiment de la communauté du royaume (1).

Tout d'abord le *magnum consilium* et les députés des Comtés, villes et bourgs siégèrent ensemble. Mais, à partir du XIVᵉ siècle, ils se séparent en deux assemblées distinctes : le *magnum consilium* forme la *Chambre Haute* ou *Chambre des lords* ; les députés des Comtés, villes et bourgs, composent la *Chambre basse* ou *Chambre des communes*.

Au début, les deux assemblées n'eurent, comme nos Etats généraux, que le droit d'adresser des pétitions au roi et de lui présenter des doléances dont il pouvait ne tenir aucun compte.

Mais, peu à peu leur autorité s'affirme grâce au pouvoir qu'elles avaient de refuser tout subside au roi.

Henri V dût proclamer que le roi ne pourrait exercer le pouvoir législatif contre la volonté des Chambres.

Enfin, les Chambres acquirent le droit positif de faire des lois par la pratique ingénieuse des *bills* du parlement.

Au lieu de soumettre au roi des pétitions, elles lui présentèrent désormais des lois toutes faites, qu'il n'avait plus qu'à rendre obligatoires, en les revêtant de sa sanction.

On distingua dès lors les *bills*, émanant du parlement, des *statuts* émanant du roi.

Mais, pendant deux siècles, la liberté se trouva compromise en Angleterre, sous la dynastie des Tudor et des Stuarts ; et son triomphe définitif ne fut assuré qu'au prix de deux révolutions, en 1630 et en 1688.

La victoire du parlement fut consignée dans deux actes célèbres, qui sont restés les deux monuments les plus considérables du droit public anglais : *la pétition des droits* de 1628, et la *déclaration des droits* de 1688.

Chose vraiment digne de remarque ! si on compare l'organisation politique de la France et de l'Angleterre, au XVIIᵉ, et même vers la fin du XVIIIᵉ siècle, à la veille de notre grande révolution, on voit cet étrange spectacle :

(1) Déjà, par la *magna charta libertatum*, le 15 juin 1215, le roi Jean Sans-Terre avait renoncé à établir des aides extraordinaires sur les vassaux immédiats de la Couronne, sans leur consentement. Cette concession, qui ne s'appliquait ni aux vassaux inférieurs, ni aux habitants des villes et des bourgs avait été confirmée par Henri III en 1258, sous le nom de *provisions d'Oxford* par lesquelles les seigneurs obtinrent que 24 des leurs veilleraient à l'application de la *magna charta libertatum*. M. Esmein à son cours.

En France, le roi exerce le pouvoir absolu, sans contrôle et sans limite. L'ancienne *curia regis*, en se transformant, avait donné naissance, d'une part, au Conseil du roi, d'autre part, au parlement, l'un et l'autre étroitement subordonnés à l'autorité royale. Quant aux États généraux, qui constituaient des assemblées véritablement représentatives, et qui avaient exercé à certaines époques de troubles, une réelle influence, ils n'avaient plus été réunis depuis 1614 (1).

A ce même moment, le droit public anglais était parvenu à son complet développement.

Le roi, à peu près annihilé, n'avait plus qu'une autorité purement honorifique.

C'était aux deux assemblées, — issues des institutions et des principes de la féodalité, et qui formaient le parlement d'Angleterre — qu'appartenait le droit de discuter et de voter les lois, de les suspendre ou de les abroger, et de voter les impôts.

Le roi ne conservait, en matière législative, que le droit d'initiative et le droit de sanction.

La dualité des Chambres législatives est-elle préférable à l'existence d'une Chambre unique ? — Chaque fois qu'il s'est agi, en France, d'organiser les pouvoirs publics, la question s'est posée de savoir si on confierait le pouvoir législatif à une assemblée unique, ou à deux assemblées distinctes.

Cette discussion s'est élevée, notamment en 1789 et en 1875.

Les partisans de l'unité de Chambre ont invoqué les arguments suivants :

1° La loi est l'expression de la volonté nationale ; or, la volonté nationale est une ; on ne comprend pas dès lors comment le rôle de législateur peut être confié à deux assemblées distinctes : parce que, si elles sont d'accord, l'une d'elles est inu-

---

(1) *Composition actuelle du parlement anglais :* — La chambre des lords composée de 550 membres, comprend :

1° Des pairs ecclésiastiques au nombre de 26, archevêques ou évêques ;

2° Des lords anglais, au nombre de 400, investis d'un droit personnel et héréditaire ;

3° Des pairs d'Ecosse, au nombre de 16, élus par la noblesse écossaise pour la durée de la législature de la chambre des communes ;

4° Des pairs d'Irlande, au nombre de 28, élus à vie par la noblesse irlandaise.

5° Certains hauts dignitaires, ayant rang de lords.

La chambre des communes, composée de 652 membres, comprend des députés élus pour sept ans, par 3 collèges électoraux : les Comtés, villes et bourgs et les universités.

tile ; et si elles ne s'entendent pas, la volonté nationale est annihilée.

2° Avec le système de deux Chambres législatives, le travail de la confection des lois est très long, et, de plus, il suffit d'une majorité très minime, pour empêcher les réformes les plus utiles d'aboutir.

Supposez, par exemple, disait Stuart Mill, que le corps législatif comprenne 600 membres. S'ils forment une assemblée unique, il faudra 301 voix pour mettre obstacle à tout projet de réforme. Au contraire, s'ils sont répartis en deux Chambres distinctes, le vote de 151 membres dans l'une d'elles sera suffisant pour produire ce résultat.

3° On a ajouté que l'existence des deux Chambres législatives présente un danger considérable pour le gouvernement. L'origine et le tempérament de leurs membres étant très différents, il peut en résulter des oppositions de sentiments, sources de conflits redoutables pour l'État.

En faveur de la dualité des Chambres, on dit :

1° Une assemblée unique a une tendance naturelle à dominer et à absorber les autres pouvoirs ; et l'expérience de nos assemblées révolutionnaires a démontré qu'aucun despotisme n'est plus insupportable que celui qui est exercé par un corps politique.

Le meilleur moyen d'éviter ce danger, c'est de diviser le pouvoir législatif, en établissant une Chambre haute destinée à servir de contrepoids à la Chambre populaire.

2° Une législation n'est bonne et durable que si elle a été discutée et votée avec réflexion, mesure et esprit de suite : or, il est à craindre qu'une assemblée unique ne se laisse entraîner, dans un moment de passion, à voter une loi impraticable et mauvaise. Cela sera moins à redouter s'il existe une seconde Chambre qui pourra écarter les lois qui ne sont ni utiles ni pratiques.

Aux objections présentées par les partisans de la première opinion on peut répondre que la volonté nationale est souvent indécise et flottante, et que l'existence de deux Chambres ne peut, en aucune façon, compromettre l'expression de cette volonté.

Quant à l'argument présenté par Stuart Mill, il est sans doute excellent, lorsque les lois qui sont proposées au vote du pouvoir législatif, sont bonnes ; mais il se retourne contre son propre système lorsqu'il s'agit de mesures impraticables ou mauvaises.

Quant à la crainte des conflits entre les deux Chambres, elle est purement chimérique. Lorsque sur une matière, l'opinion des deux Chambres est différente, un accord finit toujours par s'établir, sous la pression de l'opinion publique, et une transaction ne tarde pas à se faire, à la suite de conférences entre les membres des deux assemblées : d'ailleurs, le chef de l'État a toujours un moyen suprême de mettre fin à un conflit qui menacerait de s'éterniser et d'arrêter la marche des affaires publiques : c'est le droit de dissoudre la Chambre populaire avec l'assentiment de la Chambre haute.

Il est enfin à remarquer, qu'en France, c'est aux époques de crises, aux moments les plus sombres de notre histoire, et toujours d'une façon transitoire, que le pouvoir législatif a résidé dans une assemblée unique ; sous la révolution française, de 1789 à l'an III, sous la république de 1848 et à la suite de l'invasion allemande et de la chute de l'empire, de 1871 à 1875. Aux époques de calme, le pouvoir législatif a toujours été confié à deux assemblées distinctes.

Il en est ainsi dans la plupart des pays étrangers : en Angleterre, en Allemagne, en Italie, en Autriche-Hongrie, etc.

CHAPITRE IV. — LA RESPONSABILITÉ GOUVERNEMENTALE.

Les trois termes de la responsabilité gouvernementale. — Dans la plupart des États modernes les trois principes suivants sont admis :

1° Le chef de l'État est irresponsable ;

2° Les ministres sont responsables personnellement ;

3° En raison de l'irresponsabilité du chef de l'État et de la responsabilité des ministres, chaque acte émanant du chef de l'État doit être contresigné par un ministre qui en assume la responsabilité.

Origine historique. — Institutions anglaises (1). — Ces principes tirent leur origine de la constitution anglaise.

L'irresponsabilité de la couronne est poussée très loin en Angleterre.

(1) M. Esmein à son cours.

Quant à la responsabilité ministérielle, elle a pour sanction, soit des poursuites devant les tribunaux de droit commun, soit des poursuites organisées par la Chambre populaire, — considérée comme le grand jury d'accusation de tous les comtés du royaume — devant la Chambre des lords, qui tient ses attributions judiciaires de l'ancien *magnum consilium*.

Cette procédure est connue sous le nom de *procédure d'empêchement*. Ce fut sous le règne des Stuarts, une arme redoutable entre les mains du parlement pour combattre les aspirations de la royauté vers l'absolutisme, et atteindre non seulement les crimes et délits commis par les ministres, mais encore les actes entachés d'excès de pouvoir dont ils se rendaient coupables.

Nous retrouverons les trois termes de cette théorie consacrés par notre constitution de 1875.

CHAPITRE V. — GOUVERNEMENT PARLEMENTAIRE OU DE CABINET.

Définition. — On entend par gouvernement parlementaire un régime particulier de gouvernement dans lequel les ministres doivent avoir la confiance de la majorité du parlement, ou tout au moins de la Chambre issue directement du suffrage populaire ; ils doivent être choisis autant que possible, parmi les membres les plus autorisés de cette majorité ; enfin, ils sont responsables solidairement de la politique générale du gouvernement.

Cette responsabilité se traduit par la nécessité où se trouve le ministre de démissionner devant un vote hostile de la majorité.

On appelle aussi ce gouvernement *gouvernement de cabinet*, parce que sous un pareil régime politique, le chef du pouvoir exécutif n'étant pas responsable et chacun de ses actes devant être contresigné par un ministre, les mesures édictées par le gouvernement sont discutées et arrêtées en *Cabinet* par les ministres.

Ce n'est pas le chef de l'État qui gouverne, mais le cabinet des ministres.

Le chef de l'État n'exerce un pouvoir réel que dans deux circonstances :

1° Pour désigner les ministres, et encore son initiative est-elle limitée sur ce point par ce que nous avons dit précédemment ;

2° Pour prononcer la dissolution de la Chambre populaire avec l'assentiment de la Chambre haute.

Du gouvernement parlementaire et du gouvernement représentatif. — Il ne faut pas confondre le gouvernement parlementaire et le gouvernement représentatif.

Le gouvernement peut être représentatif et n'être pas parlementaire. Il en est ainsi aux États-Unis.

Le gouvernement est représentatif : car le pouvoir législatif est entre les mains des délégués de la nation : mais le gouvernement n'est pas parlementaire : il repose sur le principe absolu des pouvoirs législatif et exécutif. Les ministres ne peuvent pas faire partie des Chambres, ils n'y ont pas entrée et ne sont pas responsables devant elles. Ils sont pris en dehors du parlement et ne sont responsables que devant le Président.

Origines du gouvernement parlementaire ou du cabinet (1). Le gouvernement parlementaire a eu son berceau en Angleterre : il s'y est formé et développé lentement, par les circonstances.

C'est sous les Stuarts, pour la première fois, qu'on voit la couronne délibérer sur les affaires de l'État en des réunions de petits comités composés de personnages investis de sa confiance, au lieu de faire appel au grand Conseil des officiers supérieurs du royaume. Mais, à cette époque, ce fut un expédient imaginé par le roi pour soutenir la lutte qu'il avait entreprise contre le Parlement.

Après la révolution de 1688, en raison des pouvoirs considérables confiés au parlement par la *déclaration des droits*, le roi ne put gouverner sans se conformer aux vues de la majorité de la Chambre des communes. Dès lors, l'usage s'établit de choisir le chef du Cabinet dans la majorité de cette assemblée.

La notion de la responsabilité politique du cabinet s'affirme pour la première fois en 1782, lorsque le cabinet North se retire devant un vote contraire de la Chambre des communes.

Enfin, à partir du règne de Georges Ier (1714 à 1727) l'usage commence à s'établir que le roi ne préside plus le Conseil des ministres. Ceux-ci se réunissent, en conseil de cabinet, sous la

(1) M. Esmein à son Cours.

présidence du *premier ministre*, c'est-à-dire de celui qui a constitué le cabinet.

En sorte que, vers la fin du XVIIIᵉ siècle, le gouvernement parlementaire fonctionne en Angleterre, avec ses caractères essentiels.

Du gouvernement parlementaire en France. — Aucune des constitutions qui ont fonctionné pendant la période révolutionnaire n'a consacré en France le gouvernement parlementaire. Inspirées par la philosophie du XVIIIᵉ siècle, elles sont toutes basées sur le principe de la séparation absolue des pouvoirs proclamé par Montesquieu et pratiqué aux États-Unis.

Le gouvernement parlementaire n'apparaît en France que sous la Charte de 1814, et de 1830.

Encore, faut-il ajouter, qu'à cette époque, en raison du silence des textes, deux opinions divergentes s'étaient fait jour.

Les uns, les *doctrinaires*, avec Guizot, comme chef, reconnaissaient au roi une autorité effective, lui attribuant le droit d'avoir une politique personnelle et de la faire triompher pourvu qu'il eût un cabinet pour soutenir ses opinions devant le parlement et pour y rallier une majorité.

Les *libéraux*, au contraire, avec Thiers en tête, soutenaient que « *le roi règne et ne gouverne pas* », c'est-à-dire que le gouvernement appartient en réalité au cabinet, et que le roi, placé au-dessus des partis, à la tête de l'État, n'a qu'une situation purement honorifique.

Sous la République de 1848, le gouvernement parlementaire ne résulte pas d'une façon bien précise ni bien nette des termes de la Constitution.

Aucune incompatibilité n'existait entre les fonctions de ministre et celles de membre de l'Assemblée nationale ; d'autre part, les Ministres avaient entrée aux séances de la dite assemblée, et pouvaient y prendre librement la parole.

Mais les Ministres n'avaient qu'une responsabilité pénale et civile, et on se demandait s'ils étaient tenus de se retirer devant un vote de blâme.

Avec le rétablissement de l'empire, en 1852, les derniers vestiges du gouvernement parlementaire disparaissent pour laisser place au despotisme d'un usurpateur. Mais cette forme de gouvernement fut rétablie dans quelques-unes de ses règles essentielles, vers la fin de ce régime funeste, pour triompher

2

d'une façon définitive, avec la Constitution de la République, le 4 septembre 1870.

IIᵉ SECTION. — EXPOSÉ HISTORIQUE DES CONSTITUTIONS QUI SE SONT SUCCÉDÉ EN FRANCE DE 1789 A 1875.

Onze Constitutions ont été successivement établies en France, depuis 1789, jusqu'à celle de 1875, qui nous régit actuellement. Nous allons en faire connaître les traits caractéristiques.

§ 1. — Constitution monarchique des 3-14 septembre 1791.

Organisation des pouvoirs. — Cette Constitution établissait la monarchie constitutionnelle sur les bases de la séparation du pouvoir législatif et du pouvoir exécutif.

Le pouvoir législatif était confié à une assemblée *unique*, composée de 745 membres, élus pour deux ans, au suffrage restreint, au 2ᵉ degré.

A cette assemblée appartenaient l'initiative et le vote de la loi, le vote et la répartition de l'impôt, le droit de discuter tous les actes de l'administration, de décider la guerre ou la paix sur la proposition du roi.

Le pouvoir exécutif résidait en la personne du roi, dont la couronne se transmettait de mâle en mâle, par ordre de primogéniture. Le roi n'avait pas l'initiative des lois : il ne pouvait pas prendre pour Ministres les membres de l'assemblée : et les Ministres n'étaient responsables, en matière politique que devant le roi qui les nommait et les révoquait. Cependant, ils avaient le droit d'entrer librement à l'assemblée et de s'y faire entendre.

Les pouvoirs de l'assemblée, en matière législative étaient limités par le droit de *sanction* qui appartenait au roi.

Pour qu'une loi fût obligatoire, il fallait qu'elle fût revêtue de l'approbation royale.

Si le roi refusait de la sanctionner, elle ne pouvait plus être présentée à son acceptation avant deux ans.

Ce délai expiré, l'assemblée pouvait la soumettre de nouveau au roi qui avait encore la faculté de la rejeter.

Une nouvelle période de deux ans devait s'écouler, après laquelle, si le pouvoir législatif persistait dans sa résolution primitive, la loi devenait exécutoire par elle-même.

Le roi était ainsi investi à l'égard des actes de l'assemblée d'un veto, mais seulement d'un *veto suspensif*. Le dernier mot était laissé en définitive à l'assemblée.

Système électoral. — La Constitution n'admettait pas le suffrage universel.

N'étaient admis à voter que les citoyens *actifs*, c'est-à-dire ceux qui réunissaient les conditions suivantes :

1° Français, mâles, âgés de 25 ans ;

2° Domiciliés depuis un an dans le canton ;

3° Inscrits sur les registres de la garde nationale ;

4° Payer une contribution directe de la valeur de trois journées de travail ;

5° Ne pas appartenir à la classe des domestiques et des serviteurs à gages.

Election à deux degrés. — L'élection à l'assemblée était faite à deux degrés. Les citoyens *actifs* formaient les *assemblées primaires*, et désignaient parmi eux 1 0/0 des citoyens, ceux qui possédaient un revenu équivalant à la valeur de 150 journées de travail dans les campagnes, et de 200 journées dans les villes.

Les citoyens actifs ainsi désignés étaient appelés *électeurs* : ils choisissaient à leur tour les députés et leurs suppléants, soit un suppléant pour trois députés.

Circonscriptions électorales. — Les 745 députés étaient répartis entre les 83 départements, selon le territoire, la population, et la contribution directe.

247 étaient attachés au territoire : chaque département en nommait 3, sauf le département de la Seine qui n'en désignait qu'un.

249 étaient attribués à la population. La masse totale de la population *active* du royaume était divisée en 249 parts et chaque département nommait autant de députés qu'il avait de parts de population.

249 députés étaient attribués à la contribution directe. La somme totale de la contribution directe du royaume était de

même divisée en 249 parts, et chaque département nommait autant de députés qu'il payait de parts de contribution.

§ 2. — Constitution républicaine du 24 juin 1793.

Traits caractéristiques. — Cette Constitution est intéressante à deux points de vue :

1° Elle établit le *suffrage universel* ;

2° Elle organise le *gouvernement direct* de la nation, en matière législative.

Organisation des pouvoirs. — Le *pouvoir législatif* était exercé par une assemblée unique dont les membres étaient élus au *suffrage universel direct*, pour un an, à raison d'un député pour 40.000 âmes.

Étaient électeurs tous les Français âgés de 21 *ans* et domiciliés depuis six mois dans le canton.

Les actes du pouvoir législatif étaient de deux sortes : des décrets ou des lois.

Les *décrets*, relatifs à des objets d'ordre secondaire, étaient obligatoires par eux-mêmes.

Au contraire, les propositions de loi, portant sur les matières les plus importantes, étaient soumises au vote populaire. En conséquence, elles étaient adressées par le corps législatif à toutes les communes de France. Quarante jours après cet envoi, si, dans la moitié des départements plus un, le 1/10 des assemblées primaires n'a pas réclamé la loi devient définitive. S'il y a réclamation, les assemblées primaires sont appelées à voter la loi par oui ou par non.

Le *pouvoir exécutif* était confié à un Conseil de 24 membres désignés de la façon suivante :

Les assemblées primaires nommaient des électeurs ; ces électeurs désignaient des candidats, parmi lesquels le corps législatif choisissait 24 membres.

Ce Conseil se renouvelait par moitié tous les ans.

Cette constitution, qui avait été soumise elle-même au vote populaire, et qui avait rallié 1.801.918 suffrages, contre 11.910, ne fut pas appliquée.

§ 3. — Constitution directoriale du 5 fructidor an III.

Organisation des pouvoirs. — Aux termes de cette constilution, le *pouvoir législatif* est réparti entre deux assemblées : le Conseil des Cinq Cents et le Conseil des Anciens, tous deux élus au suffrage restreint à deux degrés, l'un et l'autre renouvelables par tiers tous les ans.

Il faut avoir 30 ans accomplis pour faire partie du Conseil des Cinq Cents ; 40 ans accomplis pour faire partie du Conseil des Anciens.

La proposition des lois appartient exclusivement au Conseil des Cinq Cents : chaque proposition est soumise à trois lectures, avec un intervalle de 10 jours au minimum, entre chaque lecture. Le Conseil des Anciens a pour mission d'approuver ou de rejeter les résolutions du Conseil des Cinq Cents.

Le *pouvoir exécutif* est confié à un *directoire* de cinq membres, désignés par le Conseil des Anciens, sur une liste décuple du nombre des membres à nommer qui lui est présentée par le Conseil des Cinq Cents. Les directeurs doivent être âgés de 40 ans au moins.

Le directoire est renouvelé chaque année par cinquième.

Le directoire nomme les ministres.

Ni les directeurs, ni les ministres ne peuvent faire partie du corps législatif, ni assister à ses séances.

Système électoral. — Le suffrage universel, qui avait été adopté par la constitution précédente, ne fut pas admis par la constitution de l'an III.

Les assemblées primaires ne comprenaient que les Français mâles, âgés de 21 *ans*, payant une contribution directe quelconque, inscrits sur les registres civiques de canton, résidant depuis une année sur le territoire de la République et n'appartenant pas à la classe des domestiques.

Depuis l'an XII, pour être inscrit sur le registre civique, il fallait prouver qu'on savait lire et écrire, et qu'on connaissait un métier manuel.

Comme sous la constitution de 1791, le vote avait lieu à deux degrés. Les assemblées primaires nommaient les électeurs, qui désignaient ensuite les membres du corps législatif.

§ 4. — Constitution consulaire du 22 frimaire an VIII.

Organisation des pouvoirs. — Le *pouvoir exécutif* était entre les mains d'un premier consul : deux autres consuls lui étaient adjoints, mais avec voix consultative seulement. Tous trois avaient le pouvoir pour 10 ans.

Le *pouvoir législatif* était réparti entre plusieurs assemblées: corps législatif, tribunat, conseil d'État et sénat conservateur.

Le gouvernement proposait la loi: le projet était soumis au conseil d'État qui le discutait, au besoin l'amendait, et chargeait trois de ses membres de le soutenir devant le corps législatif. Le projet était transmis au tribunat qui le discutait sans pouvoir l'amender, et nommait à son tour trois de ses membres, soit pour soutenir, soit pour combattre le projet.

Devant le corps législatif il y avait débat entre les trois membres du conseil d'État et les trois membres du tribunat. Après le débat, et sans pouvoir y prendre part, les membres du corps législatif adoptaient et rejetaient sans discussion et sans pouvoir amender. On l'appelait pour cela *corps muet*.

Le sénat conservateur, composé de 100 membres, avait la garde de la constitution.

Système électoral complexe. — Le système électoral organisé par cette constitution était des plus complexes:

Les *assemblées électorales d'arrondissement* comprenaient tous les Français mâles, âgés de 21 ans, n'appartenant pas à la classe des domestiques, et s'étant fait inscrire sur les registres civiques.

Ces assemblées d'arrondissement ne formaient pas d'élus: elles dressaient simplement des *listes de confiance*, ou listes de *notabilités communales*, en désignant 1/10 de leurs membres.

C'est sur cette liste qu'étaient choisis les membres des administrations communales et de l'arrondissement, les maires, les sous-préfets et les juges de première instance.

A leur tour, les personnes qui figuraient sur cette première liste de confiance désignaient 1/10 d'entre elles qui formait une seconde liste de confiance, dite de *notabilités départementales*, sur laquelle étaient choisis les fonctionnaires du département, les préfets, les conseillers généraux, et les juges d'appel.

Enfin, les citoyens qui composaient cette 2e liste désignaient 1/10 d'entre eux pour former la *liste nationale* sur laquelle on devait prendre les Ministres, les Conseillers d'État, et les membres du Corps législatif.

Comme la Constitution de 1793, la Constitution de l'an VIII

fut soumise à la ratification populaire, et votée par 3.111.107 suffrages contre 1.567. Chaque électeur devait inscrire son vote sur un registre et le signer de son nom.

§ 5. — Sénatus-consulte organique du 28 floréal an XII.

Ce sénatus-consulte établit l'empire héréditaire dans la famille de Napoléon Bonaparte.

§ 6. — Charte constitutionnelle du 4 juin 1814.

Organisation du gouvernement parlementaire. — Cette Charte organise pour la première fois en France le gouvernement parlementaire.

Le roi est le chef du pouvoir exécutif.

Le pouvoir législatif est confié à deux assemblées : la Chambre des pairs, qui est héréditaire, la Chambre des députés, élue par un suffrage très restreint (1).

N'étaient électeurs que les français mâles âgés de 30 ans et payant 300 francs au moins de contributions directes.

Préambule. — Méconnaissance de la souveraineté nationale. — Cette Charte était précédée d'un préambule dans lequel Louis XVIII disait : « Rappelé par la divine providence après une longue absence, cherchant à renouer la chaîne des temps que de funestes écarts avaient interrompue, nous avons accordé et accordons, *faisons concession* et *octroi* de la Charte constitutionnelle qui suit ». Il affirmait, en outre que l'autorité tout entière résidait en France dans la personne du roi : C'était la proclamation de la théorie surannée du droit divin, en opposition avec le principe nouveau de la souveraineté nationale.

---

(1) La manière dont les députés étaient élus était déterminée par la loi du 5 février 1817 : elle fut modifiée par la loi du 29 juin 1820 qui institua le système du double vote. Presque tous les départements comprenaient deux collèges électoraux : des collèges d'arrondissement nommant chacun un député, et des collèges de département, comprenant 1/4 des électeurs les plus imposés et élisant plusieurs autres députés.

§ 7. — Acte additionnel aux Constitutions de l'empire du 22 avril 1815.

Par cet acte, Napoléon, de retour de l'Ile d'Elbe, acceptait les réformes libérales inaugurées par la Charte de 1814, en les adaptant au Gouvernement impérial (1). Il n'eut qu'une durée éphémère d'application, et laissa de nouveau place, après les *Cent jours*, à la Charte constitutionnelle de 1814.

§ 8. — Charte constitutionnelle du 14 août 1830.

Organisation des pouvoirs. — Elle organise les pouvoirs publics dans les mêmes conditions que la Charte de 1814, avec deux réformes cependant : l'une sur l'hérédité de la pairie, qu'elle supprime ; l'autre sur l'élection des députés pour laquelle elle augmente le corps électoral.

Système électoral. — D'après la loi du 19 avril 1831, étaient électeurs, tous les français mâles, âgés de 25 *ans*, et payant 200 francs de contribution directe ; le cens était réduit à 100 fr. pour les membres de l'Institut et certains officiers en retraite.

Si, dans un arrondissement, il n'y avait pas 150 citoyens réunissant ces conditions, on complétait la liste électorale en y inscrivant les plus fort imposés.

A partir de 1840, un courant d'idées se forma pour obtenir l'adjonction des capacités, c'est-à-dire les personnes douées d'une instruction supérieure, sans condition de fortune. Ce fut l'opposition des doctrinaires avec M. Guizot, sur cette question, qui amena la révolution de 1848, et l'avènement de la seconde République.

§ 9. — Constitution républicaine du 4 novembre 1848.

Etablissement du suffrage universel. — Le pouvoir exécutif appartient au président de la République, le pouvoir légis-

---

(1) Le pouvoir exécutif appartenait à l'empereur, le pouvoir législatif à deux assemblées : la Chambre des pairs et la Chambre des représentants. Les pairs dont le nombre était illimité, étaient nommés par l'empereur ; leur titre était héréditaire. Les représentants au nombre de 629, étaient élus pour 5 ans, par les deux séries de collèges de département et d'arrondissement.

latif à une assemblée unique. Le président et les membres de l'assemblée sont nommés directement par le *suffrage universel*.

Ainsi que nous l'avons fait observer plus haut, cette constitution n'établit pas d'une façon bien nette le gouvernement parlementaire.

§ 10. — Constitution du 14 janvier 1852.

Organisation des pouvoirs. — Cette constitution qui maintenait le régime républicain fut modifiée par le sénatus-consulte des 21 novembre-2 décembre 1852, rétablissant l'empire dans la famille Bonaparte (1).

Le pouvoir exécutif, d'après ce dernier acte, appartenait à l'empereur.

Le pouvoir législatif était partagé entre le Conseil d'Etat, chargé d'élaborer les projets de loi et de les discuter, et le corps législatif qui devait les voter. Le Sénat avait la garde de la Constitution. C'était lui qui avait le pouvoir de modifier les lois constitutionnelles.

Le Conseil d'Etat, composé de 40 à 50 membres et le Sénat, de 150 membres étaient nommés par l'empereur.

Quant aux membres du Corps législatif, au nombre de 261, ils étaient nommés pour six ans, par le suffrage universel direct: le gouvernement présentait et recommandait des *candidats officiels* au choix des électeurs.

D'après cette Constitution, le chef de l'Etat seul est responsable devant le peuple français, auquel il a toujours droit de faire appel. Les ministres choisis par lui, ne dépendant que de lui, étaient irresponsables devant les Chambres.

L'initiative des lois appartenait au gouvernement seul : elle échappait, comme le droit d'amendement, aux membres du Corps législatif.

Cette Constitution fut modifiée, dans un sens libéral, par une série de sénatus-consultes, des 2 février 1851, 18 juillet 1866, 14 et 23 mars 1867 et 8 septembre 1869.

---

(1) Ce rétablissement fut l'objet d'un plébiscite qui donna les résultats suivants : 7,839,522 oui, 253,149 non, 63,609 bulletins nuls, 2,062,798 abstentions.

§ 11. — Constitution du 21 mai 1870.

Combinaison du gouvernement parlementaire et du régime impérial. — Cette Constitution (1) rétablit le gouvernement parlementaire en le combinant avec le régime impérial.

Les ministres peuvent être membres du Sénat ou du Corps législatif ; ils délibèrent en Conseil des ministres sous la présidence de l'empereur, et sont responsables solidairement au point de vue politique. Cependant, contrairement aux règles du régime parlementaire, le chef de l'État continue à être responsable devant le peuple.

L'initiative des lois est concédée aux membres des 2 Chambres concurremment avec le Gouvernement.

Le Sénat perd ses attributions constituantes et devient une simple assemblée législative.

Cette Constitution prit fin le 4 septembre 1870, jour de la proclamation de la République.

§ 12. — Actes constitutionnels de 1871 à 1875. — Elaboration de la Constitution de 1875.

Présidence de M. Thiers. — M. Thiers chef du pouvoir exécutif (17 février 1871). — Réunie le 13 février 1871, l'assemblée nationale n'eut qu'une pensée : organiser un gouvernement légal et régulier (2), pour mettre fin au provisoire qui durait depuis la chute de l'empire ; et par un décret du 17 février 1871, elle nomma M. Thiers chef du pouvoir exécutif : mais en lui faisant une situation des plus instables. Il n'était, en effet, que l'exécuteur des décisions de l'assemblée (3) dont la souveraineté était proclamée ; il était responsable devant elle, au même titre que les ministres qu'il avait le droit de

---

(1) Elle avait fait l'objet d'un plébiscite favorable le 8 mai 1870.

(2) L'assemblée nationale avait été élue principalement en vue de conclure la paix : elle exerça le pouvoir constituant pour lequel elle n'avait pas été créée, suivant en cela l'exemple des Etats généraux de 1789 qui, convoqués par le roi pour lui apporter leurs conseils, s'étaient proclamés assemblée nationale *constituante* et avaient établi la Constitution de 1791. L'assemblée nationale de 1871 fit reposer son pouvoir constituant, sur ce qu'étant élue par la nation entière, elle était dépositaire de l'autorité souveraine.

(3) Cette situation était à peu près celle qu'avait voulu établir l'*amendement Grévy* en 1848.

choisir, et comme eux, il avait entrée à l'assemblée et pouvait y prendre la parole.

M. Thiers, Président de la République, 13 août 1871. — Le 31 août 1871, l'assemblée rendit un second décret conférant à M. Thiers le titre de Président de la République, en lui assurant le pouvoir jusqu'à l'expiration de ses propres fonctions. Mais cette durée assignée à l'exercice de ses attributions présidentielles était quelque peu illusoire ; puisqu'il demeurait responsable devant l'assemblée. Cette responsabilité était seulement atténuée en ce sens qu'elle n'était plus liée à celle des Ministres, la chute du ministère ne devant plus entraîner celle du président.

Mais la personnalité, si active et si puissante de M. Thiers portait ombrage à l'assemblée. Sous le prétexte de préciser davantage les rapports des pouvoirs publics, elle opéra un remaniement dans un sens qui lui était peu favorable.

Décret du 13 mars 1873. — Par un décret du 13 mars 1873, elle priva désormais le président du droit de prendre part aux travaux de l'assemblée ; désormais, il ne put communiquer avec elle que par voie de message.

L'article 5 de ce décret portait que l'assemblée nationale ne se séparerait pas avant d'avoir statué :

1° Sur l'organisation et le mode de transmission des pouvoirs législatif et exécutif ;

2° Sur la création d'une seconde Chambre ;

3° Sur la loi électorale.

Le Gouvernement était invité à soumettre des projets sur ces divers points.

M. Thiers s'empressa de déférer au vœu formulé par l'assemblée, et déposa des projets organisant en France le régime républicain. Cette détermination trop rapide effraya la majorité de l'assemblée qui espérait à ce moment voir aboutir les démarches actives qui avaient été entreprises pour amener une restauration monarchique.

Présidence du maréchal de Mac Mahon (24 mai 1873). — Le 24 mai 1873, M. Thiers fut renversé du pouvoir. Le maréchal de Mac-Mahon fut élu à sa place. Mais les espérances monarchiques, un moment ravivées, furent déçues ; les négociations échouèrent devant les scrupules intransigeants du comte de Chambord.

L'assemblée songea dès lors à consolider les pouvoirs du

président : par la loi du 20 novembre 1873, le septennat fut établi ; en même temps une commission de 30 membres était instituée pour établir la Constitution.

Institution d'une Commission de 30 membres pour établir la Constitution (20 novembre 1873). — Cette Commission, composée en grande partie de membres de la droite, mena tout d'abord ses travaux très mollement, espérant malgré tout une restauration monarchique. Une proposition de M. Casimir-Périer pour former un gouvernement nettement républicain fut rejetée par 374 voix contre 330.

Le mécontentement devint général dans le pays. Les membres de la gauche dénonçaient l'assemblée devant le suffrage universel, l'accusant d'entraver la marche des affaires publiques par son obstination à ne rien vouloir faire.

Effrayée de la responsabilité qu'elle encourrait, si elle était obligée de se séparer sans avoir rien organisé, la majorité se rendit compte que puisqu'on ne pouvait éviter l'établissement de la République, il valait mieux qu'elle l'organisât elle-même, en l'orientant dans un sens conservateur, que d'être exposée à subir une république révolutionnaire, en laissant les républicains l'organiser à leur guise.

Une transaction fut négociée entre le centre droit et le centre gauche : la constitution de 1875 est le produit de cette transaction.

Le 30 janvier 1875, l'assemblée nationale adopta, par une voix de majorité, 353 contre 352, un amendement de M. Wallon portant que le Président de la République serait élu pour 7 ans par les deux Chambres réunies en assemblée nationale.

Mais la question de savoir comment serait organisé le Sénat, s'il serait nommé au suffrage universel direct, ou par le Gouvernement, faillit tout compromettre de nouveau.

Un accord finit cependant par s'établir, et, successivement, furent votées et promulguées :

La loi sur l'organisation du Sénat ;

La loi sur l'organisation des pouvoirs publics ;

Et enfin, la loi déterminant les rapports des pouvoirs publics entre eux.

I. — Le président de la République.

Division. — Nous ferons connaître successivement :
1° L'organisation de la présidence ;
2° Les attributions du président ;
3° Les actes qu'il fait ;
4° Sa responsabilité.

§ 1. — Organisation.

Election par les deux Chambres réunies en assemblée nationale. — Le Président de la République est élu à la majorité absolue des voix par le Sénat et par la Chambre des députés réunis en assemblée nationale (1) (art. 2, p. 1, L. C. du 25 fév. 1875).

Par majorité absolue, il faut entendre la moitié plus un des *suffrages exprimés*, sans tenir compte des bulletins blancs et nuls.

L'assemblée nationale réunie pour l'élection du président compose un simple collège électoral, et non une assemblée délibérante : aussi doit-elle procéder uniquement et *immédiatement* à la dite élection, sans pouvoir se livrer à des débats préalables.

Conditions d'éligibilité. — **Incompatibilité.** — La Constitution de 1875 est muette sur les conditions d'éligibilité du Président de la République. On peut donc dire qu'il suffit pour être

---

(1) D'après la Constitution de 1848, le Président de la République était élu par le suffrage universel direct. Ce mode d'élection est très dangereux : il assure, en effet, au chef de l'Etat une autorité considérable, à l'égard des membres du Corps législatif, puisqu'il est l'élu de la nation tout entière, tandis que chacun d'eux n'est que le représentant d'un collège électoral très restreint. S'il est ambitieux, il peut tirer parti de cette situation pour imposer sa volonté au pouvoir législatif et confisquer toutes les libertés publiques à son profit. C'est ce qui est arrivé en 1851, avec Louis Napoléon.

Aux Etats-Unis, le Président de la République est élu au suffrage universel au 2e degré. Chaque Etat de l'union nomme suivant le mode de suffrage établi par ses lois particulières un nombre d'*électeurs* égal au nombre total de sénateurs et représentants qu'il envoie au Congrès. Ces *électeurs* désignent à leur tour le président. Mais, en fait, — comme les *électeurs* ont le mandat impératif de voter pour tel candidat déterminé, — on peut dire que le président est, en quelque sorte, élu directement par le suffrage populaire.

élevé à ce poste, d'être citoyen français, c'est-à-dire d'être français, du sexe mâle, de jouir de ses droits politiques et d'être âgé de 21 ans.

Cependant, la loi du 14 août 1884 a déclaré inéligibles les membres des familles ayant régné en France.

La Constitution de 1875 n'a également établi aucune incompatibilité entre les fonctions de Président de la République, et le mandat de député ou de sénateur. Mais la coutume parlementaire a suppléé à la lacune des lois sur ce point : l'usage s'est établi qu'un sénateur ou député élu président de la République cessait par cela même de faire partie de la Chambre à laquelle il appartenait. C'est ainsi qu'après la première élection de M. J. Grévy, en 1876, celle de M. Carnot, en 1887, et celle de M. Casimir Périer en 1894, les électeurs furent appelés à élire un nouveau représentant.

Durée des fonctions. — Le président est élu *pour 7 ans*, et il est *rééligible* (1) indéfiniment.

La période de 7 ans commence à courir du jour de l'élection de chaque nouveau président. Ainsi, lorsqu'un président décède, ou sort de fonctions, avant l'expiration de 7 ans, son successeur est élu, non pas pour ce qui reste à courir de la période de 7 ans, non encore écoulée, mais pour 7 nouvelles années pleines (2).

Epoque des élections présidentielles. — Il faut distinguer deux hypothèses :

1º *Les pouvoirs du président expirent normalement, au bout du délai légal.* — Dans ce cas, les Chambres doivent être réunies en assemblée nationale, pour procéder à l'élection d'un nouveau président, *un mois au moins*, avant le terme légal des pouvoirs du président en fonctions.

A défaut de convocation, cette réunion aurait lieu de *plein droit*, le quinzième jour avant l'expiration de ces pouvoirs (art. 3, p. 1 et 2, loi du 16 juillet 1875).

2º *Les pouvoirs du président expirent par décès ou démission,*

(1) La Constitution de 1848 exigeait un intervalle de 4 ans entre 2 élections. Aux Etats-Unis, il est d'usage que le même président ne doit pas être élu plus de deux fois.

(2) Il en est différemment lorsqu'un député ou un sénateur est élu en remplacement d'un membre décédé ou démissionnaire. Son mandat ne dure que jusqu'à la fin du mandat précédent.

avant le délai légal. — Dans ce cas, les deux Chambres se réunissent *immédiatement* et *de plein droit.*

Si la Chambre des députés se trouvait dissoute au moment où la présidence de la République était vacante, les collèges électoraux seraient aussitôt convoqués et le Sénat se réunirait de plein droit.

Toutes ces dispositions sont inspirées par une même pensée : le désir d'éviter la vacance trop prolongée du pouvoir exécutif.

Suppléance de la présidence de la République. — La Constitution de 1875 n'a pas, comme celle de 1848, établi auprès du chef du pouvoir exécutif, un vice-président chargé de le suppléer, au cas de vacance par décès ou autrement, jusqu'à l'élection de son successeur.

Dans ce cas, c'est le Conseil des ministres qui est investi du pouvoir exécutif (art. 7, p. 2, L. du 25 février 1875).

Si, à ce moment, la Chambre des députés était dissoute, le Sénat devrait se réunir de plein droit, suivant ce que nous avons dit plus haut : et le Conseil des ministres exercerait le pouvoir exécutif sous son contrôle.

Enfin, par impossible, s'il n'y avait plus ni Chambre des députés, ni Président, ni ministres, le Sénat devrait pourvoir au Gouvernement, faire procéder à l'élection d'une nouvelle Chambre et préparer la réunion de l'assemblée nationale.

Traitement du Président. — La Constitution de 1875 ne fixe pas le chiffre du traitement alloué au Président de la République.

C'est la loi annuelle des finances qui le détermine. Il est donc susceptible d'augmentation ou de diminution, chaque année.

Il est actuellement fixé à la somme de 1.200.000 francs.

§ 2. — Attributions.

Division. — Les attributions du Président de la République sont de deux sortes :

Les unes sont relatives au *pouvoir législatif* ;

Les autres sont relatives au *pouvoir exécutif* proprement dit, et constituent ce qu'on appelle l'*action gouvernementale.*

1º *Au point de vue législatif.*

Au point de vue législatif, le rôle du Président tend : soit à la *mise en mouvement* des Chambres, soit à la *confection des lois.*

a) **Mise en activité des Chambres**. — Le Président de la République a le droit :

1° de convoquer ;

2° d'ajourner la Chambre des députés et le Sénat ;

3° de dissoudre la Chambre des députés.

Il n'y a rien de particulier à dire au sujet de la convocation et de l'ajournement des Chambres législatives. Il en sera traité plus loin à l'occasion du fonctionnement des Chambres.

Droit de dissoudre la Chambre des députés. — D'après l'article 5 L. C. du 25 février 1875, le Président de la République peut dissoudre la Chambre des députés, avant l'expiration légale de son mandat, sur l'*avis conforme* du Sénat.

En ce cas, les collèges électoraux sont réunis pour de nouvelles élections dans le délai de *deux mois* ; et la Chambre nouvellement élue doit entrer en fonctions dans les 10 jours qui suivent la clôture des opérations électorales (1).

Le droit de dissolution n'est-il pas contraire aux principes du droit constitutionnel ? Certains auteurs ont soutenu que le droit de dissolution accordé au Président de la République, était contraire : au principe de la souveraineté nationale, au principe de la séparation des pouvoirs, et aux règles du mandat.

Au principe de la souveraineté nationale, en ce que le Président de la République ne doit pas pouvoir casser une Chambre qui est issue du suffrage universel.

Au principe de la séparation des pouvoirs, parce que les pouvoirs exécutif et législatif étant indépendants l'un de l'au-

(1) Cette disposition a été ajoutée par la loi du 14 août 1884. L'article 5, p. 2 de la L. C. du 25 février 1875 était ainsi conçu : « En ce cas, les collègues électoraux sont *convoqués* pour de nouvelles élections dans le délai de trois mois ». Cette rédaction prêtait à l'équivoque, et cet article fut diversement interprété à la suite du 16 mai 1877, lorsqu'il s'agit de procéder à de nouvelles élections pour remplacer la Chambre des députés qui avait été dissoute par le Maréchal de Mac-Mahon. Les uns prétendaient que les élections devaient être faites dans le délai de trois mois au plus tard. Le Gouvernement, au contraire, soutenait que le mot « convoquer » devait être pris comme synonyme de « lancer des convocations », qu'il était seulement tenu de faire paraître le décret de convocation des électeurs avant l'expiration du délai de trois mois ; mais qu'il avait la faculté, dans ce décret de convocation, de fixer l'époque des élections à une date quelconque. C'est ce qui eut lieu en effet. Le décret de convocation fut rendu le 21 septembre 1877 : les élections étaient fixées au 14 octobre, et la réunion des Chambres au 7 novembre. C'est pour faire cesser à l'avenir toute controverse sur ce point que la loi du 14 août 1884 a modifié la L. C. de 1875, dans le sens que nous avons indiqué.

tre, on ne peut admettre que l'un puisse imposer sa volonté à l'autre en le brisant en cas de résistance ;

Aux règles du mandat, en ce que le Président de la République étant l'élu de la Chambre des députés et du Sénat, ne doit pas pouvoir dissoudre une partie du Corps électoral qui l'a nommé, et dont il est, en quelque sorte le mandataire.

Ces arguments ont été facilement réfutés.

On a fait tout d'abord observer que loin de violer le principe de la souveraineté nationale, le droit de dissolution en était la consécration la plus éclatante : puisque la dissolution doit être suivie d'élections nouvelles, dans lesquelles le pays sera appelé à faire connaitre et triompher son opinion sur la question qui a amené la dissolution de la Chambre. La nation est ainsi instituée Juge Suprême du conflit qui a abouti au renvoi anticipé des députés.

Le principe de la séparation des pouvoirs n'est nullement atteint par le droit de dissolution : cette faculté laissée au pouvoir exécutif est destinée à rétablir l'harmonie entre les rouages des pouvoirs publics, sans laquelle le fonctionnement de l'Etat est impossible.

Enfin, on ne peut prétendre que les règles du mandat soient violées ; car le Président de la République n'est pas le mandataire du parlement. Il constitue, dès le moment de son élection, un pouvoir distinct et indépendant.

On peut ajouter, que dans la pratique, le droit de dissolution est une condition tout à fait naturelle du Gouvernement parlementaire : elle permet de mettre fin aux conflits persistants entre la Chambre populaire et le Gouvernement, en faisant appel au suffrage universel.

b) **Confection des lois.** — Les pouvoirs du Président de la République, en ce qui concerne la confection des lois, sont de deux sortes :

1° Le *droit d'initiative*, qui lui appartient, tant en ce qui concerne les lois ordinaires, que pour la révision des lois constitutionnelles, et qu'il exerce par les *projets de loi* déposés en son nom par les Ministres sur le bureau de l'une ou de l'autre Chambre (art. 3 et 8, loi C. du 25 février 1875) ;

2° Le droit de demander aux Chambres, dans le délai fixé pour la promulgation, une nouvelle délibération qui ne peut être refusée (art. 7, loi C. du 16 juillet 1875).

Nous nous bornerons, pour l'instant, à cette simple indication. Nous retrouverons cette matière, en étudiant plus loin la procédure de la confection des lois.

Comment le Président de la République communique avec les Chambres? Le Président de la République n'a le droit, ni de siéger, ni de parler, dans l'une ou l'autre Chambre (1).

Il ne communique avec les Chambres que de trois façons :

1° Les *décrets* de convocation ou de clôture de session, lus à la tribune par un Ministre ;

2° Les *projets de loi* déposés par un Ministre au nom du Président de la République ;

3° Les *messages*, qui sont lus à la tribune par un Ministre.

On entend par *message*, les communications du président avec les Chambres, autres que les décrets et les projets de loi.

2° *Au point de vue exécutif.*

Énumération. — Les attributions du Président de la République, au point de vue exécutif, proprement dit, sont les suivantes :

1° Il promulgue les lois ; il en surveille et en assure l'exécution ;

2° Il a le droit de faire grâce ;

3° Il dispose de la force armée ;

4° Il nomme à tous les emplois civils et militaires ;

5° Il préside aux solennités nationales ;

6° Il préside aux relations extérieures.

1° *Promulgation.* — *Exécution des lois.* — *Pouvoir réglementaire.* — Le Président de la République est chargé de promulguer la loi, d'en surveiller et d'en assurer l'exécution.

Nous parlerons de la promulgation de la loi, en traitant plus loin de la procédure à suivre pour la confection des lois (2).

Pour surveiller et assurer l'exécution des lois, le Président de la République est investi du *pouvoir réglementaire* (3).

(1) Sur ce point la constitution de 1875 est plus absolue encore que la loi du 13 mars 1873. Cette dernière loi, en effet, permettait au président de se faire entendre par l'assemblée nationale, pourvu qu'il l'en informât au préalable, que la séance fut levée dès qu'il aurait parlé, et reprise un jour suivant, hors la présence du président. D'après la L. C. de 1875, le président ne peut, *dans aucun cas,* et *sous aucun prétexte,* entrer dans l'une ou l'autre chambre et y prendre la parole. Il ne peut communiquer avec le parlement que par écrit, et par l'intermédiaire d'un ministre.

(2) Voir *infrà*, page 117.

(3) Voir *infrà* la distinction des débats réglementaires du président de la République.

La loi se borne, en principe, à poser les principes généraux, les grandes lignes de chaque matière.

Le Président de la République, doit par des décrets généraux, en organiser les détails d'application.

Dans l'exercice de son pouvoir réglementaire, le président est subordonné à l'observation de la loi qu'il est chargé d'appliquer et de faire exécuter : il ne peut prendre aucune mesure contraire, soit à son esprit, soit à sa lettre (1).

2° *Droit de grâce.* — Le Président a le droit de faire grâce : mais l'amnistie ne peut être accordée que par une loi (art. 3, loi du 25 février 1875).

Différence entre la grâce et l'amnistie. — Il y a une différence essentielle entre la grâce et l'amnistie. L'amnistie fait disparaître non seulement la peine, mais la condamnation, et jusqu'à la criminalité du fait commis : c'est en quelque sorte l'oubli de tout ce qui s'est passé (2).

La grâce opère simplement la remise de la peine ou d'une partie de la peine : la condamnation subsiste, et elle compte, notamment, au point de vue de la récidive et de la relégation.

Les incapacités accessoires de la peine sont également maintenues, jusqu'à ce que la réhabilitation les ait fait disparaître complètement.

L'exercice du droit de grâce est soumis à une procédure administrative dont est chargée la Direction des affaires criminelles au Ministère de la Justice.

Le président statue, après l'avis d'une commission spéciale, dite *Commission des grâces.*

3° *Droit de nommer aux emplois civils et militaires.* — Ce pouvoir de nommer aux emplois civils et militaires n'est ni absolu, ni exclusif, comme semblerait le dire la loi de 1875.

Pour beaucoup d'emplois, en effet, un arrêté ministériel suf-

---

(1) Sur ce point la charte du 4 juin 1814 contenait une formule assez élastique : elle disait dans son article 14 : « Le roi...... fait les règlements et les ordonnances nécessaires pour l'exécution des lois et la *sûreté de l'Etat* ». Charles X s'appuya sur ces derniers mots très vagues et très compréhensifs, pour rendre les célèbres ordonnances du 25 juillet 1830 qui violaient la charte constitutionnelle. Il s'en suivit une révolution qui emporta la branche aînée des Bourbons. La charte de 1830 modifia l'article 14 précité en disant : « que le Roi fait les règlements et les ordonnances nécessaires pour l'exécution des lois, *sans pouvoir jamais, ni suspendre les lois elles-mêmes,* ni *dispenser de leur exécution* ».

(2) D'après l'étymologie même du mot grec αμνεστια.

3.

fit ; pour d'autres, la nomination ou la révocation doit avoir lieu en conseil des ministres (1).

Enfin, le droit du président est limité par l'observation des conditions auxquelles l'accès des emplois est subordonné.

4º *Disposer de la force armée.* — Le Président de la République est le chef de l'armée : il peut en prendre le commandement en personne.

5º *Présider aux cérémonies officielles.* — Sur ce point, le Président de la République est soumis aux règles tracées par le *protocole.*

6º *Présider aux relations extérieures.* — Les attributions du Président de la République, en ce qui concerne les relations extérieures, sont relatives (2) :

1º Aux agents diplomatiques des puissances étrangères ;

2º A la négociation et à la ratification des traités.

Agents diplomatiques. — Les agents diplomatiques des puissances étrangères sont accrédités auprès du Président de la République. C'est entre ses mains qu'ils doivent remettre leurs lettres de créance, à leur arrivée en France, et, à leur départ, les lettres de rappel de leurs souverains (art. 3, L. C., 25 février 1875).

Traités. — Le Président de la République négocie les traités, sinon directement, et en personne, du moins, par l'intermédiaire des agents diplomatiques accrédités auprès des États étrangers, qui agissent en son nom.

La négociation terminée, il est chargé de rendre les traités obligatoires, en leur donnant la ratification.

Cependant, il y a certains traités ou actes diplomatiques, d'une importance considérable, pour lesquels l'intervention du pouvoir législatif est indispensable : ce sont les traités de paix, les traités ayant pour objet une cession, un échange, ou une

---

(1) D'après la loi du 24 mai 1872 sur le Conseil d'État, les conseillers d'État en service ordinaire étaient désignés par l'assemblée nationale pour trois ans avec renouvellement par tiers tous les ans. Le président de la République pouvait les suspendre pour deux mois seulement. Ils ne pouvaient être révoqués que par l'assemblée elle-même. La loi C, du 25 février 1875, article 4, a conféré au Président de la République le droit de nommer et de révoquer en Conseil des Ministres, les conseillers d'État en service ordinaire, en édictant des mesures transitoires, actuellement sans application, pour ceux qui avaient été nommés sous l'empire de la loi de 1872.

(2) Voir sur tous ces points notre *Traité de droit international public*, p.141 et suivantes.

adjonction de territoire, les déclarations de guerre, les traités qui engagent les finances de l'État, ceux qui sont relatifs à l'état des personnes et au droit de propriété des français à l'étranger.

§ 3. — Actes du Président de la République.

Décrets. — Division des décrets. — Les actes du Président de la République sont des décrets.

On peut diviser les décrets en deux grandes classes :

1° Les décrets généraux ou réglementaires ;

2° Les décrets spéciaux ou individuels.

1ʳᵉ Classe. — Décrets généraux ou réglementaires. — Ce sont ceux par lesquels le Président de la République détermine, dans ses détails, les conditions d'application de la loi (1).

Comparaison entre le décret réglementaire et la loi.

I. — Différences.

1° La loi se borne à poser les principes, le décret s'occupe des détails d'application ;

2° La loi émane du pouvoir législatif, le décret du pouvoir exécutif ;

3° Le décret ne peut se mettre en contradiction avec la loi ; au contraire, une loi peut modifier une autre loi ;

4° Ainsi que nous le dirons plus loin, les tribunaux judiciaires peuvent se refuser à appliquer un décret réglementaire qui serait entaché d'illégalité. Au contraire, une loi, *même inconstitutionnelle*, doit être observée par les tribunaux.

II. — Ressemblances.

1° Le décret, comme la loi, est établi dans un intérêt général ;

2° Comme la loi, il réglemente l'avenir ;

3° Comme elle, il porte sur un ensemble de matières ;

4° Comme la loi, il est obligatoire pour tous, sur toute l'étendue du territoire ;

L'observation des décrets réglementaires est assurée par le

---

(1) On les a appelés pour ce motif, actes quasi-législatifs, et actes de législation secondaire. (M. Ducrocq, à son cours de droit administratif).

Code pénal (art. 471, § 15), à l'aide d'une peine de simple police prononcée à l'égard du contrevenant.

Subdivision des décrets généraux ou réglementaires. — Les décrets généraux ou réglementaires se subdivisent en deux catégories :

1° Les décrets portant règlement d'administration publique ;
2° Les décrets réglementaires proprement dits.

Les règlements d'administration publique sont rendus par le Président de la République, en vertu d'une délégation expresse de la loi ; pour ces décrets, l'avis du Conseil d'Etat est obligatoire : ils doivent être accompagnés de ces mots : « Le Conseil d'Etat entendu ».

Les décrets réglementaires proprement dits sont rendus par le Président de la République, en vertu du *pouvoir réglementaire* qui lui appartient sur toute l'étendue du territoire, en sa qualité de chef du pouvoir exécutif (1). Pour ces décrets, le Conseil d'Etat n'a pas besoin d'être consulté.

2ᵉ classe. — Décrets spéciaux ou individuels. — On entend par là les décrets relatifs à une personne déterminée ou à un objet déterminé et spécial.

Subdivision des décrets spéciaux. — Ils se subdivisent en :

1° *Décrets gouvernementaux* : Ceux que le chef de l'Etat rend comme gouvernement et non comme administrateur.

2° *Décrets administratifs* : Ceux que le chef de l'Etat rend comme administrateur supérieur de l'Etat.

Intérêt pratique de la subdivision. — Les décrets gouvernementaux ne sont susceptibles d'aucun recours par la voie contentieuse. Ils donnent seulement lieu au contrôle politique des Chambres législatives. Les décrets administratifs sont au contraire susceptibles d'être attaqués devant les tribunaux administratifs, pour violation d'un droit.

Critérium de la distinction. — Il n'est pas possible de donner une formule précise qui permette de distinguer *à priori* un décret gouvernemental d'un décret administratif. Il faut se borner à une énumération purement énonciative.

Ainsi le Conseil d'Etat considère comme actes de gouvernement :

Les décrets par lesquels le chef de l'Etat promulgue les

(1) Voir *supra*, page 44.

lois, ratifie les traités, convoque ou ajourne les Chambres, constitue le Sénat en Haute Cour de justice ; de même, les décrets portant sur des mesures de sûreté publique, sur des faits de guerre, sur les relations extérieures, etc., etc.

Formes des décrets spéciaux. — Au point de vue de la forme, on peut ranger les décrets spéciaux en deux catégories :

1º Les uns sont rendus sur le rapport d'un ou de plusieurs Ministres, sans avoir besoin de consulter le Conseil d'État.

On les appelle *décrets simples*.

2º Les autres doivent être rendus, sous peine de nullité, après avis préalable du Conseil d'État.

On les appelle *décrets rendus dans la forme des règlements d'administration publique*.

Recours contre les actes du Président de la République. — On peut exercer plusieurs espèces de recours :

1º *Recours gracieux* devant le chef de l'État lui-même pour le prier de revenir sur son acte ;

2º *Recours par voie de pétition* aux Chambres ;

3º *Recours contentieux* devant le Conseil d'État.

Tandis que les deux premiers recours sont toujours possibles, quelque soit le caractère du décret, le recours contentieux n'est pas toujours recevable.

Rappelons d'abord que les décrets gouvernementaux ne sont susceptibles d'aucun recours contentieux.

Quant aux décrets réglementaires, ils ne peuvent être déférés au Conseil d'État que pour excès de pouvoir ou incompétence.

De plus, les particuliers ont une garantie de leur droit, en ce que ces décrets ne donnent lieu à la sanction pénale de l'article 471, § 15, du Code pénal, qu'autant qu'ils ont été *légalement faits*. Par une exception remarquable au principe de la séparation des autorités, administrative et judiciaire, le tribunal de simple police est juge de la légalité de l'acte.

Seuls, les décrets administratifs peuvent être attaqués, devant le Conseil d'État :

1º Pour incompétence ou excès de pouvoir ;

2º Pour violation d'un droit.

§ 4. — Responsabilité.

Principe de l'irresponsabilité présidentielle. — En principe, le Président de la République est irresponsable. C'est là, nous l'avons vu, une des règles fondamentales du régime parlementaire.

Etendue de cette irresponsabilité. — Cette irresponsabilité n'existe que pour les actes de sa fonction : elle ne s'étend pas aux délits de droit commun, que, comme simple particulier, le président pourrait commettre. Pour ces délits, le président est susceptible d'être poursuivi, devant une juridiction spéciale, et suivant une procédure particulière, comme nous l'indiquerons plus loin.

Conséquence de l'irresponsabilité présidentielle. — En raison de l'irresponsabilité du chef de l'Etat et de la responsabilité ministérielle, tout acte du Président de la République doit être contresigné par un Ministre qui en assume la charge devant les Chambres législatives et devant le pays.

Exception à l'irresponsabilité présidentielle — Il est un seul cas où le Président de la République est responsable en matière politique : c'est le cas de *haute trahison* (L. C. 25 février 1875, art. 6).

Il n'est pas facile de se rendre compte de la portée de cette exception, la Constitution de 1875 n'ayant pas défini ce qu'elle entend par cette expression « *haute trahison* ».

D'après les uns, le Sénat aurait un pouvoir absolu de décider quels faits tombent sous l'application de la loi et quelle peine il y a lieu de prononcer.

D'après les autres, le Sénat devrait s'inspirer des dispositions pénales actuellement en vigueur et en faire l'application au Président de la République par voie d'analogie.

Mais, ces deux interprétations sont l'une et l'autre critiquables ; car elles sont contraires à ce principe fondamental, que tout en droit criminel est essentiellement strict, et à cet adage « *nulla pœna sine lege* ».

Règles particulières à la mise en accusation et au jugement du Président de la République. — Dans les cas exceptionnels où le Président de la République peut être poursuivi, des règles particulières doivent être observées pour la mise en accusation et pour le jugement.

Le Président de la République ne peut être mis en accusation que par la Chambre des députés.

Il ne peut être jugé que par le Sénat érigé en Haute Cour de justice (art. 12, L. C., 16 juillet 1875).

Ces règles s'appliquent non seulement au cas de haute trahison, mais encore aux crimes ou de délits de droit commun qu'il pourrait commettre. Cette solution s'impose en présence des termes absolus et exclusifs dont se sert la loi précitée (1).

II. — Des ministres.

Division. — Nous étudierons :
1° L'organisation du Ministère ;
2° Les attributions des Ministres ;
3° Les actes qu'ils font ;
4° Leur responsabilité.

§ 1. — Organisation du Ministère.

Départements ministériels. — On entend par département ministériel l'ensemble des services publics confié à chaque Ministre.

Les attributions des Ministres, comme celles du Président de la République, s'étendent bien à toute l'étendue du territoire français. Mais, tandis que l'action du Président de la République embrasse tous les services publics, celle de chaque Ministre est limitée à la branche particulière qui forme l'objet de son département ministériel.

Création de ministère. — La loi actuelle (2) étant muette sur le point de savoir quelle est l'autorité compétente pour créer les Ministères, le pouvoir exécutif s'était reconnu le droit de statuer sur ce point par décret, le pouvoir législatif ne devant intervenir que pour voter les crédits dont l'inscription au budget était rendue nécessaire par les remaniements apportés à l'organisation des Ministères.

La création du Ministère des Colonies, dans le courant de l'année 1894, a donné lieu à une pratique différente. C'est sur l'initiative d'un député, et en vertu de la loi du 21 mars 1894, que l'administration des colonies a été détachée du commerce, pour être érigée en Ministère autonome.

Répartition actuelle des divers ministères. — La répartition des services publics entre les divers Ministères subit des varia-

---

(1) Dans ce sens, M. Esmein à son cours.
(2) D'après la constitution de 1848, la création d'un Ministre nouveau ne pouvait avoir lieu qu'en vertu d'une loi.

tions fréquentes. Au moment présent, il y a onze départements ministériels qui sont :

1º Le Ministère de l'Intérieur et des Cultes ;
2º   —   de la Justice ;
3º   —   des Affaires étrangères ;
4º   —   des Finances ;
5º   —   de l'Instruction publique et des Beaux-Arts ;
6º   —   de la Guerre ;
7º   —   de la Marine ;
8º   —   des Travaux publics ;
9º   —   du Commerce, de l'Industrie et des Postes et Télégraphes ;
10º   —   de l'Agriculture :
11º   —   des Colonies.

Nomination des Ministres. — Les Ministres sont nommés et révoqués par le Président de la République.

Aucune condition spéciale, ni d'âge, ni de capacité, n'est requise pour être nommé Ministre. Il suffit donc d'être citoyen français, c'est-à-dire : français du sexe mâle, et âgé de 21 ans,

Les Ministres peuvent être pris, soit dans le sein du parlement, soit en dehors.

Il n'y a pas incompatibilité entre les fonctions de Ministre et le mandat législatif : en sorte que le membre du parlement, nommé Ministre, continue à faire partie de la Chambre à laquelle il appartenait antérieurement.

Dans un régime parlementaire, comme celui qui nous gouverne, le choix des Ministres est dominé par cette seule considération, que les Ministres doivent posséder la confiance de la majorité du parlement.

Il est d'usage constant, que le chef de l'État se borne à désigner le Président du Conseil, en le chargeant de former un cabinet.

L'homme politique ainsi désigné choisit lui-même ses collaborateurs pour chacun des portefeuilles à pourvoir, et présente la nomination du Ministère qu'il a réussi à créer, à la signature du Président de la République, qui rend un décret conforme à ses propositions.

Traitement des Ministres. — Le traitement des Ministres est fixé annuellement par la loi du budget. Il est actuellement de 80.000 francs.

Conseil des Ministres et Conseil de cabinet. — On entend par Conseil des Ministres la réunion des Ministres sous la présidence du chef de l'Etat.

Le Conseil des Ministres se tient d'une façon périodique, à des intervalles rapprochés, habituellement deux fois par semaine.

C'est là que les Ministres discutent et arrêtent la conduite à tenir vis-à-vis des Chambres, et la direction de la politique générale du gouvernement : les Ministres viennent y rendre compte de l'état de leurs administrations respectives, et proposer des mesures nouvelles.

Il y a certaines décisions qui ne peuvent être prises qu'après examen de l'affaire en Conseil des Ministres ; nous nous bornerons à citer :

1° La Constitution du Sénat comme Haute Cour de justice, pour juger toute personne prévenue d'attentat commis contre la sûreté de l'Etat (art. 12, l. C., 16 juillet 1875) ;

2° La nomination et la révocation des Conseillers d'Etat en service ordinaire (art. 4, l. C., 25 février 1875) ;

3° La dissolution d'un Conseil municipal (loi du 5 avril 1884, art. 43).

Rappelons enfin, que dans le cas où la présidence est vacante, par suite de décès ou pour toute autre cause, le Conseil des Ministres est investi du pouvoir exécutif, jusqu'à l'élection du nouveau président.

Le Conseil de cabinet constitue une réunion moins solennelle et moins importante que le Conseil des Ministres : au lieu d'être présidé par le chef de l'Etat, il se réunit sous la présidence du premier Ministre.

Son rôle est plus restreint : il ne s'occupe que du règlement des affaires courantes.

Sous-secrétaires d'Etat. — Les sous-secrétaires d'Etat sont des collaborateurs que les Ministres sont autorisés à s'adjoindre, soit pour les aider dans la politique générale de leur ministère, soit pour gérer une branche distincte des services publics qui composent leur département.

C'est le Président de la République qui décide s'il y aura ou non des secrétaires d'Etat. C'est lui qui les nomme et les révoque.

Les sous-secrétaires d'Etat partagent la responsabilité politique des Ministres.

Leur traitement est variable.

§ 2. — Attributions des Ministres.

Place occupée par les Ministres. — Les Ministres ne sont pas titulaires du pouvoir exécutif. Le pouvoir exécutif appartient exclusivement au Président de la République.

Les Ministres ne sont que les agents supérieurs du pouvoir exécutif.

Il est une seule circonstance que nous avons déjà indiquée, dans laquelle le Conseil des Ministres est investi du pouvoir exécutif : c'est pendant la vacance de la présidence (art. 7, loi du 2 février 1875).

Mais, si les Ministres ne sont pas, en principe, les dépositaires de la puissance exécutrice, ils en ont l'autorité réelle.

Ce sont eux, en effet, qui préparent toutes les mesures qui forment l'objet des décrets présidentiels, et les proposent à la signature du chef de l'État : ils doivent les contresigner pour qu'ils aient force exécutoire ; ce sont eux seuls qui en assument toute la responsabilité ; ils impriment aux agents placés sous leurs ordres, et notamment aux préfets des départements, la direction politique ; enfin, ils servent d'intermédiaires forcés entre le chef de l'État et le pouvoir législatif.

Rapports des Ministres avec les Chambres. — Nous avons vu que le Président de la République ne pouvait dans aucun cas, et sous aucun prétexte, avoir entrée dans les Chambres et prendre la parole devant elles (1).

Il en est différemment des Ministres. Qu'ils soient membres du parlement ou non, ils ont le droit d'entrer librement dans l'une et l'autre assemblée et d'y prendre la parole, quand ils le désirent. Et dans la Chambre à laquelle ils appartiennent, ils conservent, étant Ministres, le droit de voter.

L'intervention des Ministres devant le parlement se produit notamment, pour soutenir les projets de loi déposés par le Gouvernement (2), ou pour répondre aux *questions* et aux *interpellations* qui leur sont adressées.

Questions et interpellations. — Une *question* est une demande de renseignement qu'un membre du parlement adresse

_____

(1) Voir *suprà*, page 444.
(2) Ils peuvent se faire assister dans la discussion des projets de loi par les commissaires spéciaux, ayant une compétence particulière, qui sont désignés par décret (L. C. 16 juillet 1875, art. 6).

à un Ministre sur un acte du Gouvernement ou sur un fait qui concerne son département ministériel.

Le Ministre répond ; le questionneur peut prendre une seconde fois la parole après le Ministre : et le débat est clos.

Aucun autre membre de la Chambre ne peut intervenir au débat ; et il n'y a pas d'ordre du jour, partant, pas de vote.

Une *interpellation* est une demande tendant à ouvrir un débat devant le parlement sur la politique générale du cabinet, ou sur telle mesure particulière qu'il a prise.

Toute demande d'interpellation doit être formulée par écrit et présentée au Président de l'assemblée qui lui en donne connaissance.

L'Assemblée est appelée à fixer la date à laquelle l'interpellation sera discutée.

Lorsqu'elle a trait aux relations extérieures, l'interpellation peut être ajournée indéfiniment : Cela se conçoit aisément : il peut y avoir danger à ouvrir un débat sur un pareil sujet à un moment donné. Lorsqu'il s'agit des affaires intérieures, l'interpellation ne peut pas être reculée au delà d'un mois.

Le débat une fois ouvert, tout membre de l'Assemblée peut y prendre part.

La discussion se termine par le vote d'un *ordre du jour*.

L'ordre du jour peut être *pur et simple* ou *motivé*.

Il est *pur et simple*, lorsque l'Assemblée décide, *sans commentaire*, qu'elle passe à l'ordre du jour, c'est-à-dire à l'examen des autres affaires figurant à l'ordre du jour de la séance.

Il est *motivé*, lorsqu'elle fait connaître son sentiment sur le débat auquel a donné lieu l'interpellation.

Si l'Assemblée approuve l'attitude du gouvernement, et veut affirmer d'une façon solennelle qu'il est en communauté d'idées avec elle, elle votera un *ordre de jour de confiance*.

Si, au contraire, elle est en désaccord avec le gouvernement et veut marquer ce dissentiment, elle adoptera un *ordre de jour de défiance ou de blâme* qui entraînera soit la chute de tout le Ministère, soit, seulement, la chute du Ministre particulièrement visé par l'interpellation.

§ 3. — Actes des Ministres.

Rapports avec le Président de la République. — Dans ses relations avec le chef du pouvoir exécutif, les actes du Ministre consistent : dans des rapports et des propositions au Président de la République et dans le contre-seing qu'il appose sur les décrets.

Rapports avec leurs subordonnés. — A l'égard de leurs subordonnés, les actes des ministres consistent dans des instructions, soit individuelles, soit circulaires, destinées à imprimer à tout l'organisme administratif la direction politique arrêtée par le gouvernement.

Rapports avec leurs administrés. — A l'égard des simples particuliers, leurs administrés, les Ministres agissent par voie d'*arrêtés ministériels*.

Le Ministre a-t-il qualité pour faire des *arrêtés réglementaires*? D'après l'opinion dominante, ce droit doit lui être refusé, en dehors d'un texte formel de loi. Il n'y a pas place pour l'exercice d'un semblable pouvoir à son profit, puis que c'est le Président de la République qui est investi du droit de faire des règlements pour toute la France (1).

§ 4. — Responsabilité ministérielle.

A la différence du Président de la République, les Ministres sont responsables de leurs actes. Cette responsabilité peut être considérée à trois points de vue : pénal, civil, politique.

Responsabilité pénale. — D'après l'article 12, § 2, L. C. du 16 juillet 1875, les Ministres peuvent être mis en accusation pour *crimes commis dans l'exercice de leurs fonctions*.

Cette formule a donné lieu à deux interprétations différentes.

D'après les uns, les Ministres ne pourraient être poursuivis que dans le cas où ils auraient commis à l'occasion de leurs fonctions un des faits prévus et punis comme crimes par le Code pénal.

D'après d'autres, les Ministres seraient, en outre, responsables au point de vue pénal, de tout manquement grave commis dans l'exercice de leurs fonctions, tel que : guerre entreprise à la légère, traité désavantageux, etc. Le Sénat aurait pleins pouvoirs pour déterminer les faits punissables et leur appliquer des peines.

C'est cette seconde doctrine qui fut appliquée aux Ministres de Charles X, auteurs des fameuses ordonnances qui amenèrent

---

(1) Voir sur cette question notre manuel de droit administratif, p. 32.

la révolution de 1830. Mis en accusation par la Chambre des députés, ils furent jugés par la Chambre des pairs qui les condamna à la détention perpétuelle.

Procédure de mise en accusation et de jugement. — Les ministres peuvent :

Ou bien, être mis en accusation par la Chambre des députés : et dans ce cas ils sont jugés par le Sénat, érigé en Haute Cour de justice ;

Ou bien être poursuivis conformément aux règles du droit commun, et jugés par les tribunaux ordinaires, comme de simples particuliers.

Leur situation est différente, sur ce point encore, de celle du Président de la République qui ne peut être mis en accusation que par la Chambre des députés et jugé que par le Sénat (1).

Responsabilité civile. — Les Ministres sont responsables au point de vue civil, du préjudice qui peut résulter pour les particuliers des actes accomplis par eux dans l'exercice de leurs fonctions, si l'on peut établir l'existence d'une faute personnelle.

C'est l'application de l'article 1382 du Code civil.

Il n'est pas nécessaire pour que cette action en responsabilité civile soit engagée, que le Ministre ait été l'objet d'une poursuite criminelle devant le Sénat (2).

Il faut noter, enfin, qu'en raison du principe de la séparation des autorités judiciaires et administratives, l'action en dommages-intérêts contre le Ministre ne pourra être portée que devant les tribunaux administratifs compétents.

Responsabilité politique. — La responsabilité politique des Ministres consiste dans la nécessité où se trouvent les Ministres de démissionner, lorsqu'ils ne possèdent plus la confiance de la majorité du parlement.

Cette responsabilité est solidaire ou individuelle.

(1) Cette solution ressort bien nettement du rapprochement des 2 alinéas de l'article 12 L. C. du 16 février 1875.
Le 1er alinéa est ainsi conçu : « Le Président de la République *ne peut* être mis en accusation que par la Chambre des députés, et *ne peut* être jugé que par le Sénat ».
Le 2e alinéa continue : « Les Ministres *peuvent* être mis en accusation par la Chambre des députés pour crimes commis dans l'exercice de leurs fonctions. *En ce cas*, ils sont jugés par le Sénat ». Dans ce sens M. Esmein à son cours.
(2) On a soutenu la doctrine contraire en s'appuyant sur la loi du 27 avril 1791, art. 31, et sur la Constitution de 1848, art. 98. Mais ces textes ne sont plus en vigueur aujourd'hui.

Les Ministres sont *solidairement* responsables de la politique générale du Gouvernement : c'est-à-dire que le cabinet tout entier doit se retirer, lorsqu'il est mis en minorité sur une question de ce genre.

Au contraire, chaque Ministre est seul et individuellement responsable des actes spéciaux à son Ministère. Quand il est atteint par un vote des Chambres pour un de ces actes, il est seul dans la nécessité de donner sa démission.

Cependant, même à l'occasion d'un acte concernant un des Ministres, la responsabilité du cabinet tout entier peut être engagée, si le Président du Conseil couvre son Ministre devant les Chambres, et pose la question de Cabinet.

Il faut noter que la responsabilité politique des Ministres existe également devant la Chambre des députés et devant le Sénat (1), qui sont l'un et l'autre issus du suffrage populaire : la Chambre, d'une façon directe, le Sénat, par le vote à plusieurs degrés.

Mais, en général dans la pratique, c'est plutôt à la Chambre, où les débats sont plus passionnés, l'atmosphère plus surchauffée, que les Ministres sont renversés.

Qu'arriverait-il si les Ministres refusaient de démissionner, malgré un vote hostile des Chambres? Le parlement pourrait contraindre le cabinet à se retirer, soit en sommant le Président de la République de le révoquer, soit en refusant d'entrer en relations avec lui, soit en rendant impossible la marche des affaires, par le rejet des lois des finances présentées par le Gouvernement.

CHAPITRE II. — DU POUVOIR LÉGISLATIF

Division. — D'après la Constitution de 1875, le pouvoir législatif s'exerce par deux assemblées :

La Chambre des députés,

Et le Sénat.

(Art. 1er, L. C., 23 février 1875).

Nous nous proposons d'étudier :

1° L'organisation,

_____

(1) Il en est autrement en Angleterre : les Ministres ne sont responsables que devant la Chambre des communes, qui seule, émane du suffrage de la nation.

2° Les attributions de la Chambre des députés et du Sénat.

1. — Organisation des Chambres.

Division. — Ce paragraphe sera divisé en trois parties : Nous allons faire connaître :

1° Règles particulières à la Chambre des députés ;
2° Règles particulières au Sénat ;
3° Règles communes à la Chambre des députés et au Sénat.

§ 1. — Règles particulières à la Chambre des députés.

Caractère des lois qui la régissent. — Les lois constitutionnelles de 1875 se bornent à poser le principe de l'existence d'une Chambre des députés (art. 1er, alinéa 1er, L. C., 25 février 1875), et d'ajouter (alinéa 2), que la Chambre des députés est nommée par le suffrage universel.

Ce sont les seuls points qui ne puissent être modifiés que par la procédure de révision des lois constitutionnelles que nous étudierons plus loin.

Toutes les autres règles sur l'organisation de la Chambre des députés sont établies par des lois ordinaires, et peuvent être abrogées par le jeu normal du pouvoir législatif.

Ces lois sont :

La loi du 15 mars 1849 sur l'élection des députés ;

Le décret organique du 2 février 1852 ;

Le décret réglementaire du 2 février 1852 ;

La loi organique du 30 novembre 1875 sur l'élection des députés ;

La loi du 8 avril 1879 sur la représentation de la Guyane et du Sénégal ;

La loi du 13 février 1889 rétablissant le scrutin d'arrondissement ;

La loi du 17 juillet 1889 sur les candidatures multiples ;

La loi du 22 juillet 1893 modifiant le tableau des circonscriptions électorales ;

La loi du 22 juillet 1893 relative à la durée de la prochaine législature.

Division. — Les règles particulières à l'organisation de la Chambre des députés, sont relatives :

a) A sa composition :
b) A l'électoral :
c) A l'éligibilité ;
d) A la procédure des élections.

a) *Composition*.

Nombre de députés. — D'après la loi du 13 février 1889, il y a un député par arrondissement administratif, et par arrondissement municipal, dans les villes de Paris et de Lyon : il y a, en outre, dans les arrondissements comprenant plus de 100.000 habitants, un député en plus, par 100.000 habitants, ou fraction de 100.000.

Au nombre des habitants, on ne compte pas seulement, — ce qui serait rationnel, — les électeurs inscrits, ou tout au moins les français ; on compte tous les individus, sans distinction d'âge ni de sexe, et même les *étrangers* établis à résidence fixe.

Lorsqu'un arrondissement a droit à plusieurs députés, il est divisé par la loi en autant de circonscriptions électorales qu'il a de députés à élire (1).

Il est attribué un député au territoire de Belfort, six à l'Algérie, et dix aux colonies.

Le tableau des circonscriptions électorales actuelles est établie par la loi du 22 juillet 1893.

D'après cette loi, la Chambre des députés se trouve composée de 581 membres.

Election au suffrage universel. — Mode de scrutin. — Les députés sont élus au suffrage universel, nous l'avons indiqué déjà, en faisant observer que c'était là une règle ayant un caractère constitutionnel.

Quant au mode de scrutin en usage pour l'élection des députés, il a subi des variations fréquentes, dans le cours de ces dernières années.

D'après la loi organique du 30 novembre 1875, les députés étaient élus au *scrutin uninominal par arrondissement*.

Cette loi fut modifiée, sur ce point, par la loi du 16 juin 1885 qui rétablit le *scrutin de liste par département*, qui avait

(1) A Paris le nombre total des députés est de 37. En y ajoutant les 5 députés affectés à l'arrondissement de St-Denis, et les 3 députés de l'arrondissement de Sceaux, le chiffre des représentants du département de la Seine s'élève au chiffre de 45.

déjà fonctionné depuis le décret du 21 janvier 1871 jusqu'à la loi précitée du 30 novembre 1875.

Enfin, le *scrutin d'arrondissement* a été remis en vigueur et fonctionne encore, en vertu de la loi du 13 février 1889.

Le *scrutin uninominal par arrondissement* est le mode de scrutin d'après lequel, l'arrondissement (1) est pris comme collège électoral, et chaque électeur de l'arrondissement est appelé à voter pour un seul député.

Le *scrutin de liste par département* est le mode de scrutin d'après lequel le département est pris comme collège électoral, et dans chacun d'eux, chaque électeur est appelé à voter pour tous les députés affectés au département.

En faveur du scrutin de liste, on a dit : qu'il élargissait le champ d'exercice de la souveraineté nationale pour chaque citoyen, en lui permettant de participer à l'élection d'un certain nombre de députés ; qu'il relevait en quelque sorte le niveau de l'élection en forçant l'électeur à se décider, non d'après des questions de personnes, puisqu'il ne connaîtra pas la plupart des candidats, mais d'après les programmes exposés dans les réunions préparatoires, tandis que le scrutin uninominal assure le triomphe de nombreuses médiocrités jouissant, par leur fortune ou par leur situation sociale, d'une notoriété purement locale, dans l'étendue d'un arrondissement ; enfin, qu'il rendait plus difficiles les manœuvres de pression de la part du gouvernement, ou de corruption de la part des candidats.

En faveur du scrutin uninominal, on a fait remarquer : que ce mode de scrutin assurait davantage la sincérité de l'élection, parce que l'électeur vote en pleine connaissance pour un candidat dont la moralité et la probité lui inspirent confiance ; qu'il établissait un lien plus étroit entre le mandataire et le mandant, et permettait davantage à l'électeur de surveiller les actes de son représentant et de lui demander compte de ses votes à la Chambre ; qu'enfin, le scrutin de liste avait le grand inconvénient de mettre le sort des élections aux mains de Comités électoraux, sans mandat, qui composent les listes à leur guise en n'y comprenant que des noms de leur choix ; de telle sorte que l'élection est faite en réalité par un vote à deux degrés :

(1) Ou une portion de l'arrondissement, lorsque l'arrondissement, d'après ce qui a été dit plus haut, a droit à plus d'un député à raison du chiffre de sa population.

il faut obtenir l'agrément du Comité électoral du département,
avant de pouvoir se présenter au suffrage des électeurs.

Durée du mandat. — Les députés sont élus pour *quatre* ans.
Au bout de ce temps, la Chambre se renouvelle intégralement
(art. 15, loi du 30 novembre 1875).

On appelle *législature* le temps pendant lequel une Chambre
reste en fonctions.

Par exception, en vertu de la loi du 23 juillet 1893, la Chambre des députés, élue le 14 octobre 1893, aura une durée supérieure à quatre ans. Au lieu de prendre fin le 14 *octobre* 1897,
elle continuera à fonctionner jusqu'au 31 *mai* 1898. Cette mesure a été prise sur l'initiative du gouvernement, pour reporter
à l'avenir les élections générales au printemps (1).

Nous savons que les pouvoirs de la Chambre peuvent cesser
avant l'expiration du délai légal de 4 ans, par suite de la dissolution prononcée par le Président de la République sur l'avis
conforme du Sénat (2).

De plus, les députés, individuellement, peuvent voir leur
mandat expirer avant cette époque, par suite de décès, de démission, d'acceptation de fonctions publiques salariées, de déchéance ou d'invalidation.

Dans ces divers cas, celui qui est élu en remplacement du
député dont les fonctions ont cessé, ne restera en exercice que
pour le temps à courir jusqu'au renouvellement intégral de la
Chambre, un an, deux ans etc., suivant l'époque de son élection (3).

b) *Électorat.*

Principe. — L'élection des députés étant faite au suffrage
universel, est électeur tout citoyen français *inscrit sur les listes
électorales* de sa commune.

Par exception, les militaires et assimilés de tous grades et
toutes armes des armées de terre et de mer ne prennent part à
aucun vote quand ils sont présents à leur corps, à leur poste
ou dans l'exercice de leurs fonctions. Ceux qui, au moment de
l'élection, se trouvent en résidence libre, en non-activité, ou

---

(1) Voir *infrà,* « Convocation des électeurs ».
(2) Voir *suprà,* **page 40.**
(3) **Nous avons vu** qu'il n'en était pas de même du **Président de la République.** V. *suprà,* page 42.

en possession d'un congé régulier (1), peuvent voter dans la commune sur les listes de laquelle ils sont régulièrement inscrits. Cette dernière disposition s'applique également aux officiers et assimilés qui sont en disponibilité ou dans le cadre de la réserve (art. 2, loi du 30 novembre 1875).

Cette disposition, qui établit à l'égard des militaires, une sorte de suspension du droit électoral, a pour but de mettre l'armée à l'abri des agitations de la politique.

De ce qui précède il résulte que l'exercice du droit électoral est subordonné à l'inscription sur les listes électorales ; nous sommes ainsi amené à faire connaître les conditions d'établissement de ces listes.

Etablissement des listes électorales. — 1° *Unité de liste.* — A l'époque où la Constitution de 1875 est entrée en vigueur, il y avait à distinguer deux listes électorales : la *liste électorale municipale*, qui servait spécialement pour les élections aux Conseils locaux (Conseil général, Conseil d'arrondissement et Conseil municipal), à laquelle il fallait joindre la *liste complémentaire* pour l'élection des députés.

La loi du 5 avril 1884 sur l'organisation municipale a supprimé cette dualité. Il n'y a plus aujourd'hui qu'une seule liste électorale qui sert pour toutes les élections (2).

2° *Conditions pour être inscrit sur les listes électorales.* — Pour être inscrit sur la liste électorale d'une commune, il faut :

1° Etre électeur ;

2° Remplir certaines conditions de domicile ou de résidence dans la commune.

1° **Il faut être électeur.** — Sont électeurs tous les Français, mâles, âgés de 21 ans accomplis, et n'étant dans aucun cas d'incapacité prévu par la loi.

Les incapacités, en matière électorale, sont : les unes perpétuelles, les autres temporaires.

Les incapacités perpétuelles sont énumérées dans l'article 15 du décret organique du 2 février 1852 ; les incapacités tempo-

---

(1) Par militaires en congé, on doit entendre les militaires qui sont pourvus d'une autorisation régulière d'absence de plus de 30 jours. Il faut ajouter que les dispositions ci-dessus s'appliquent aux hommes de la réserve et de l'armée territoriale pendant la période des exercices et manœuvres, ou en cas de mobilisation (Circulaire ministérielle du 25 juillet 1893).

(2) A Paris, l'unité de liste n'existe qu'en vertu de la loi du 29 mars 1886 ;

raires, par l'article 16 du même décret. Nous renvoyons à ces deux textes (1).

2° Remplir certaines conditions de domicile ou de résidence. — Il faut avoir son domicile réel dans la commune ou y habiter depuis 6 mois au moins.

Cependant, a le droit de le faire inscrire, celui qui est porté au rôle d'une des quatre contributions directes, ou au rôle des prestations en nature, même s'il ne réside pas dans la commune, s'il a déclaré vouloir y exercer ses droits électoraux.

(1) ART 15 *du décret du 2 février* 1852 : « Ne doivent pas être inscrits sur les listes électorales : 1° les individus privés de leurs droits civils et politiques par suite de condamnations, soit à des peines afflictives ou infamantes, soit à des peines infamantes seulement ; 2° ceux auxquels les tribunaux jugeant correctionnellement, ont interdit le droit de vote et d'élection, par application des lois qui autorisent cette interdiction ; 3° des condamnés pour crimes à l'emprisonnement, par application de l'article 463 du Code pénal ; 4° ceux qui ont été condamnés à trois mois de prison, par application de l'article 463 du Code pénal et de l'art. 1er de la loi du 27 mars 1851 ; 5° les condamnés pour vol, escroquerie, abus de confiance, soustraction commise par les dépositaires de deniers publics ou attentat aux mœurs, prévus par les articles 330 et 334 du Code pénal, quelle que soit la durée de l'emprisonnement auquel ils ont été condamnés ; 6° les individus qui, par application de l'article 8 de la loi du 17 mai 1819 et de l'article 3 du décret du 11 août 1848, auront été condamnés pour outrages à la morale publique et religieuse ou aux bonnes mœurs, et pour attaque contre le principe de la propriété et des droits de la famille ; 7° les individus condamnés à plus de trois mois d'emprisonnement, en vertu des articles 31, 33, 35, 36, 38, 39, 40, 41, 42, 45, 46 de la présente loi ; 8° les notaires, greffiers et officiers ministériels destitués en vertu de jugements ou décisions judiciaires ; 9° les condamnés pour vagabondage ou mendicité ; 10° ceux qui auront été condamnés à trois mois de prison au moins, par application des articles 439, 443, 444, 445, 446, 447, et 452 du Code pénal ; 11° ceux qui auront été déclarés coupables des délits prévus par les articles 410 et 411 du Code pénal et par la loi du 21 mai 1836 portant prohibition des loteries ; 12° les militaires condamnés au boulet ou aux travaux publics ; 13° les individus condamnés à l'emprisonnement par application des articles 38, 41, 43, et 45 de la loi du 21 mars 1832 sur le recrutement de l'armée ; 14° les individus condamnés à l'emprisonnement par application de l'article 2 de la loi du 27 mars 1851 ; 15° ceux qui auront été condamnés pour délit d'usure ; 16° les interdits ; 17° les faillis non réhabilités dont la faillite a été déclarée soit par les Tribunaux français, soit par jugements rendus à l'étranger, mais exécutoires en France.

ART. 16 : « Les condamnés à plus d'un mois d'emprisonnement pour rébellion, outrages et violences envers les dépositaires de l'autorité ou de la force publique, pour outrages publics envers un juré à raison de ses fonctions, ou envers un témoin, à raison de sa déposition, pour délits prévus par la loi sur les attroupements, la loi sur les clubs, et l'article 1er de la loi du 27 mars 1851, et pour infraction à la loi sur le colportage ne pourront être inscrits sur la liste électorale, pendant les 5 ans, à dater de l'expiration de leur peine.

La même faculté appartient aux membres de la famille des mêmes électeurs compris dans la cote de la prestation en nature, alors même qu'ils n'y sont pas personnellement portés, et aux habitants qui, en raison de leur âge ou de leur santé, auront cessé d'être soumis à cet impôt.

Le même avantage est fait à ceux qui, en vertu de l'article 2 du traité du 10 mai 1871, ont opté pour la nationalité française, et déclaré fixer leur résidence dans la commune, conformément à la loi du 19 juin 1871.

Il en est de même de ceux qui sont assujettis à une résidence obligatoire dans la commune, en qualité, soit de Ministres des Cultes reconnus par l'Etat, soit de fonctionnaires publics (art. 14, loi du 6 avril 1884).

L'absence de la commune résultant du service militaire, ne porte aucune atteinte à l'application des règles précédentes.

Ajoutons enfin, qu'il suffit pour être inscrit sur une liste électorale de remplir les conditions d'âge ou de résidence, ci-dessus indiquées, avant l'époque de la clôture définitive des listes, lorsqu'on ne les remplit pas au moment de leur formation.

3° *Commission administrative chargée d'établir les listes électorales.* — Les listes électorales sont établies dans chaque commune, par une *commission administrative* composée :

Du maire, d'un délégué de l'administration désigné par le préfet, et d'un délégué choisi par le Conseil municipal.

Dans les communes divisées en sections électorales, les listes sont dressées, dans chaque section, par une commission composée :

Du maire, ou adjoint, et d'un conseiller municipal dans l'ordre du tableau ;

D'un délégué de l'administration désigné par le préfet ;

D'un délégué choisi par le Conseil municipal.

A Paris et à Lyon, les listes sont dressées dans chaque quartier ou section, par une commission composée :

Du maire de l'arrondissement ou d'un adjoint délégué ;

Du Conseiller municipal élu dans le quartier, et d'un électeur désigné par le préfet du département.

4° *Travail de révision annuelle par la commission administrative.* — Les listes électorales sont permanentes, mais elles sont chaque année l'objet d'un travail de révision, qui commence avec le mois de janvier pour se terminer le 31 mars.

Du 1er au 10 janvier de chaque année, la Commission administrative de chaque commune *ajoute* à la liste électorale, les noms de ceux qu'elle reconnaît avoir acquis les qualités exigées par la loi, ceux qui acquerront les conditions d'âge et d'habitation avant le 1er avril, et ceux qui auraient été précédemment omis.

Elle *retranche* de la liste : 1° les individus décédés ; 2° ceux dont la radiation a été ordonnée par l'autorité compétente ; 3° ceux qui ont perdu les qualités requises par la loi ; 4° ceux qu'elle reconnaît avoir été indûment inscrits, quoique leur inscription n'ait pas été attaquée (art. 1er, décret réglementaire du 2 février 1852).

Le tableau de ces additions et retranchements est déposé à la mairie au plus tard le 15 *janvier*. Il est communiqué à tout requérant.

5° *Demandes en inscription et en radiation.* — *Commission municipale.* — Dans les 20 *jours* à partir du dépôt, dont il vient d'être parlé, des demandes en inscription ou en radiation peuvent être formées, soit par l'intéressé lui-même, soit par des tiers.

Ces demandes sont soumises à une Commission dite « *municipale* » qui est composée des membres de la « Commission administrative » auxquels sont adjoints : à Paris et à Lyon, deux électeurs domiciliés dans le quartier ou la section, et nommés avant tout travail de révision, par la Commission administrative ; dans les autres communes, deux autres délégués du Conseil municipal (loi du 7 juillet 1874, art. 2).

La décision de la Commission doit être rendue dans les 5 *jours* au plus tard, et notifiées dans les 3 jours.

6° *Appel devant le juge de paix.* — On peut faire appel des décisions de la Commission municipale devant le juge de paix du canton, dans les *cinq* jours de la notification. Le juge de paix doit statuer dans les 10 jours, et la décision être notifiée à l'intéressé dans les 3 jours.

7° *Recours en cassation.* — La décision du juge de paix est en dernier ressort, mais elle peut faire l'objet d'un pourvoi en cassation dans les 10 jours. Ce pourvoi n'est pas suspensif. Il est porté directement devant la Chambre civile de la Cour de cassation.

8° *Clôture de la liste.* — Le 31 mars de chaque année, la liste électorale est définitivement close.

Elle reste jusqu'au 31 mars de l'année suivante, telle qu'elle a été arrêtée, sauf néanmoins les changements qui y auraient été ordonnés par décision du juge de paix ou de la Cour de cassation, sur des demandes en inscription ou en radiation formées devant les Commissions du 15 janvier au 4 février, et sauf aussi la radiation des noms des électeurs décédés, ou privés des droits civils et politiques par jugements ayant force de chose jugée (art. 8, D. R., 1852) (1).

c) *Eligibilité.*

Principe. — Tout électeur est éligible, sans condition de cens, à l'âge de 25 ans accomplis (art. 6, loi du 30 novembre 1875), pourvu qu'il justifie avoir satisfait aux obligations imposées par la loi du 15 juillet 1889 sur le recrutement de l'armée (Loi du 16 août 1893).

Il n'est pas nécessaire qu'il soit inscrit sur une liste électorale, ni qu'il remplisse aucune condition de résidence.

Inéligibilité. — L'inéligibilité est l'inaptitude de certaines personnes à être élues : elle a pour conséquence de rendre l'élection nulle.

Certaines personnes sont inéligibles d'une façon absolue ; d'autres ne sont inéligibles que dans certaines circonscriptions électorales, en raison des fonctions qu'ils y exercent.

(1) La circulaire ministérielle du 21 décembre 1874 donne le tableau suivant des époques et des délais pour les diverses opérations concernant le travail de révision annuelle des listes électorales :

	Nombre de jours	Termes des délais
Préparation du tableau des rectifications.	10	10 janvier
Délai accordé pour dresser le tableau des rectifications.	4	14 id.
Publication du tableau des rectifications	1	15 id.
Délai ouvert aux réclamations	20	4 février
Délai pour les décisions des commissions chargées du jugement des réclamations	5	9 février
Délai pour la notification des dernières décisions de ces commissions	3	12 id.
Délai d'appel devant le juge de paix	5	17 id.
Délai pour les décisions du juge de paix	10	27 id.
Délai pour les notifications des décisions du juge de paix.	3	2 mars
Clôture définitive des listes	»	31 mars

Inéligibilités absolues. — Sont inéligibles d'une façon absolue :

1° Les membres des familles ayant régné en France (Loi du 16 juin 1885, art. 4 et loi du 22 juin 1886) ;

2° Les étrangers naturalisés pendant les 10 ans qui suivent le décret de naturalisation. Une loi spéciale peut cependant réduire ce délai à une année ; article 3, loi du 26 juin 1889 sur la nationalité ;

3° Les militaires ou marins faisant partie des armées actives de terre ou de mer, quels que soient leur grade ou leurs fonctions (art. 7, loi du 30 novembre 1875) (1).

Inéligibilités relatives. — Sont inéligibles dans l'étendue des circonscriptions électorales sur lesquelles ils exercent leurs attributions, certains hauts fonctionnaires de l'ordre judiciaire, administratif, ecclésiastique et financier, pendant tout le temps qu'ils exercent leurs fonctions, et pendant les six mois qui suivent la cessation de leurs fonctions. La loi a craint qu'ils n'abusent de l'autorité ou du prestige que leur donne leur situation officielle dans leur ressort, pour se faire élire (Loi du 30 novembre 1875, art. 12) (2).

(1) Ce texte ajoute : « Cette disposition s'applique aux militaires ou marins en disponibilité ou en non-activité, mais elle ne s'étend ni aux officiers placés dans la seconde section du cadre de l'état-major général, ni à ceux qui, maintenus dans la première section, comme ayant commandé en chef devant l'ennemi ont cessé d'être employés activement, ni aux officiers qui, ayant des droits acquis à la retraite, sont envoyés ou maintenus dans leurs foyers en attendant la liquidation de leur pension. — La décision par laquelle l'officier aura été admis à faire valoir ses droits à la retraite, deviendra, dans ce cas, irrévocable. — La disposition contenue dans le premier paragraphe du présent article ne s'applique pas à la réserve de l'armée active, ni à l'armée territoriale.

(2) Ce texte est ainsi conçu : « Ne peuvent être élus par l'arrondissement ou la colonie compris en tout ou en partie dans leur ressort, pendant l'exercice de leurs fonctions et pendant les six mois qui suivent la cessation de leurs fonctions par démission, destitution, changement de résidence ou de toute autre manière : 1° Les premiers présidents, les présidents et les membres des parquets des Cours d'appel ; — 2° Les présidents, vice-présidents, juges titulaires juges d'instruction et membres du parquet des tribunaux de 1re instance ; — 3° Le préfet de police, les préfets et secrétaires généraux des préfectures, les gouverneurs, directeurs de l'intérieur et secrétaires généraux des Colonies ; — 4° Les ingénieurs en chef et d'arrondissement, les agents-voyers en chef d'arrondissement ; — 5° Les recteurs et inspecteurs d'académie ; — 6° Les inspecteurs des écoles primaires ; — 7° Les archevêques, évêques et vicaires généraux ; — 8° Les trésoriers-payeurs généraux et les receveurs particuliers des finances ; — 9° Les directeurs des contribu-

Incompatibilités. — A la différence de l'inéligibilité, l'incompatibilité n'a pas pour effet d'annuler l'élection : mais elle met le candidat élu dans la nécessité d'opter entre sa fonction et son mandat de député.

Principe. — En principe, l'exercice des fonctions publiques rétribuées sur les fonds de l'Etat est incompatible avec le mandat de député.

En posant ce principe, le législateur a voulu éviter que le Gouvernement ne puisse se créer une majorité docile, en comblant les députés de faveurs, comme sous les monarchies de 1814 et de 1830.

Exceptions. — La loi a excepté cependant certaines fonctions, qui se trouvent énumérées dans les articles 8 et 9 de la loi du 30 novembre 1875 auxquels nous renvoyons (1).

---

tions directes et indirectes de l'enregistrement et des domaines et des postes ; — 10° Les conservateurs et inspecteurs des forêts. Les sous-préfets ne peuvent être élus dans aucun des arrondissements du département où ils exercent leurs fonctions ».

(1) L'article 8 est ainsi conçu dans son paragraphe 3 : « Sont exceptées des dispositions qui précèdent les fonctions du ministre, sous secrétaire d'état, ambassadeur, ministre plénipotentiaire, préfet de la Seine, préfet de police, premier président de la Cour de cassation, premier président de la Cour des comptes, premier président de la Cour d'appel de Paris, procureur général près la Cour de cassation, procureur général près la Cour des comptes, procureur général près la Cour d'appel de Paris, archevêque et évêque, pasteur, président de consistoire dans les circonscriptions consistoriales dont le chef-lieu compte deux pasteurs et au dessus, grand rabbin du consistoire central, grand rabbin du consistoire de Paris ».

L'article 9 ajoute : « Sont également exceptés des dispositions de l'article 8 : — 1° les professeurs titulaires de chaires qui sont données au concours, ou sur la présentation des corps où la vacance fut produite ; — 2° les personnes qui ont été chargées d'une mission temporaire. Toute mission qui a duré plus de six mois cesse d'être temporaire, et d'être régie par l'article 8 ci-dessus ».

L'article 10 dit : « Le fonctionnaire conserve les droits qu'il a acquis à une pension de retraite et peut, après l'expiration de son mandat, être remis en activité. — Le fonctionnaire civil qui, ayant eu vingt ans de services, à la date de l'acceptation de son mandat de député, justifiera de 50 ans d'âge, à l'époque de la cessation de ce mandat, pourra faire valoir ses droits à une pension de retraite exceptionnelle. — Cette pension sera réglée conformément au troisième paragraphe de l'article 12 de la loi du 9 juin 1853. — Si le fonctionnaire est remis en activité, après l'acceptation de son mandat, les dispositions énoncées, dans les articles 3, § 2, et 28 de la loi du 9 juin 1853, lui seront applicables. — Dans les fonctions où le grade est distinct de l'emploi, le fonctionnaire par l'acceptation du mandat de député, renonce à l'emploi et ne conserve que le grade.

Conséquences des règles sur l'incompatibilité. — Il faut distinguer 2 cas :

1er *cas* : *Un fonctionnaire est élu député.* — Si la fonction dont il est investi est incompatible avec le mandat de député, le candidat élu doit, dans les *huit jours* de la vérification des pouvoirs, faire connaître s'il n'accepte pas le mandat de député.

S'il garde le silence, la loi présume qu'il veut abandonner sa fonction pour entrer à la Chambre, et il doit être remplacé dans ladite fonction.

2e *cas* : *Un député est nommé ou promu à une fonction publique salariée.* — Que la fonction dont il s'agit soit ou non compatible avec le mandat de député, par le fait même de son acceptation, le député cesse d'appartenir à la Chambre.

Mais, si la fonction est incompatible avec le mandat de député, il pourra se représenter devant ses électeurs et être réélu.

On a voulu faire les électeurs juges du point de savoir si l'acceptation d'une fonction publique par le député qu'ils avaient élu antérieurement, n'était pas de nature à compromettre la représentation de leurs intérêts devant le parlement.

La loi ajoute : que les députés nommés ministres ou sous-secrétaires d'État ne sont pas soumis à la réélection (art. 11, loi du 30 novembre 1875). Il en est différemment en Angleterre.

Interdiction des candidatures multiples. — D'après la loi du 17 juillet 1889, nul ne peut être candidat dans plus d'une circonscription électorale.

Le but de cette disposition a été d'entraver les manœuvres de politiciens ambitieux qui, en se présentant dans plusieurs collèges électoraux, recherchent une popularité malsaine, qui peut devenir dangereuse pour les libertés publiques.

Cette interdiction crée en quelque sorte un nouveau cas d'inéligibilité, en ce sens que tout candidat qui se présente dans une circonscription, se trouve par là même incapable de se présenter dans aucune autre.

Déclaration de candidature. — Pour assurer la stricte observation de ses dispositions, la loi de 1889 astreint tout citoyen, qui se présente ou est présenté aux élections législatives, à faire connaître par une déclaration signée ou visée par lui, et dûment légalisée, dans quelle circonscription, il entend être candidat.

Cette déclaration est déposée à la préfecture du département où se trouve la circonscription choisie, le *cinquième jour* au plus tard avant le jour du scrutin.

Un reçu provisoire est donné immédiatement au déclarant. Le Préfet avise télégraphiquement le Ministre de l'Intérieur de la déclaration : celui-ci lui fait savoir par la même voie si le candidat dont il s'agit a été déjà inscrit ou non dans un autre département.

Au reçu de ce télégramme, et dans les 24 heures de la déclaration, le Préfet (1) délivre ou refuse le récépissé définitif suivant le renseignement qui lui est fourni par la dépêche ministérielle (art. 2, loi de 1889. Circulaire du Ministre de l'Intérieur du 25 juillet 1893).

Sanction de la loi. — 1° Est nulle et irrecevable toute déclaration faite en violation du principe qui interdit les candidatures multiples.

Si des déclarations ont été déposées par le même citoyen dans plus d'une circonscription, la première en date est seule valable.

Si elles portent la même date, toutes sont nulles (art. 3).

Il est interdit de signer ou d'apposer des affiches, d'envoyer ou de distribuer des bulletins, circulaires ou professions de foi, dans l'intérêt d'un candidat qui ne s'est pas conformé aux prescriptions de la loi : lesdits bulletins, affiches, placards peuvent être enlevés et saisis (art. 4 et 5).

2° Sont nuls de plein droit et n'entrent pas en compte dans les résultats du dépouillement, les bulletins portant le nom d'un candidat qui n'a pas fait régulièrement sa demande, ou qui l'a faite ne pouvant pas valablement la faire, parce qu'il est candidat dans une autre circonscription.

3° Une amende de 10.000 francs est établie par la loi contre le candidat qui contrevient aux dispositions précédentes, et de 1.000 à 5.000 francs contre toute personne qui l'aide dans son entreprise illégale, en signant ou apposant des affiches, envoyant ou distribuant des bulletins, circulaires, ou profession de foi dans l'intérêt de ce candidat.

---

(1) Le Préfet n'est pas juge des questions d'inéligibilité d'ordre divers qui peuvent s'appliquer aux déclarants (même circulaire).

d). *Procédure des élections.*

Convocation des électeurs. — *Mode de convocation.* — *Délai.* — *Jour.* — Les collèges électoraux sont convoqués par un décret du pouvoir exécutif.

Il doit y avoir *vingt jours* au moins entre la promulgation du décret et l'ouverture des collèges électoraux (art. 4, D. O. 1852).

Le jour de l'élection doit être autant que possible un dimanche ou un jour férié (art. 9, D. R. 1852).

Époque de la convocation. — Les électeurs doivent être convoqués pour des élections législatives dans trois circonstances que nous allons examiner : pour chacune d'elles, l'époque de la convocation n'est pas la même.

1° *Élections générales à la fin d'une législature.* — La loi n'ayant pas indiqué l'époque exacte à laquelle la convocation des électeurs devait avoir lieu, le gouvernement est libre de choisir cette époque.

Sous tous les régimes depuis 1791, le renouvellement intégral de la Chambre avait lieu au printemps. La première Chambre des députés, réunie après la mise en vigueur de la Constitution de 1875 a été élue le 20 février 1876. Mais, à la suite de la dissolution prononcée le 16 mai 1877, les élections générales avaient été reportées au mois d'octobre ; et depuis cette époque la réunion des Collèges électoraux se produisait en août, septembre ou octobre, au moment des grandes manœuvres, des vacances, des vendanges. Il en résultait des abstentions considérables de la part des électeurs, absents en grand nombre du lieu où ils avaient le droit de voter. C'est pour éviter cet inconvénient que la loi du 23 juillet 1893 a prolongé exceptionnellement les pouvoirs de la Chambre élue le 14 octobre 1893, en reportant la fin de la législature au 31 mai 1898 (1).

2° *Élections générales rendues nécessaires par une dissolution de la Chambre.* — Nous savons, que d'après la L.C. du 14 août 1884, qui a modifié l'article 5, page 2 de la L.C. du 25 février 1875, les Collèges électoraux doivent être réunis pour de nouvelles élections dans le délai de *deux mois* (2).

----

(1) Voir *suprà*, page 62.
(2) Voir *suprà*, page 42, note.

3° *Élections partielles.* — Il y a lieu à des élections partielles, dans le cas où avant la fin de la législature, un siège devient vacant par suite de décès, démission, ou autrement.

L'élection doit être faite, dans ce cas, dans le délai de trois mois, à partir du jour où la vacance s'est produite (art. 16, Loi du 30 novembre 1875).

Cependant, il n'est pas pourvu aux vacances survenant dans les six mois qui précèdent le renouvellement de la Chambre (art. 7, Loi du 16 juin 1885).

Opérations électorales. — *Lieu de vote.* — Le vote a lieu au chef-lieu de la commune : néanmoins, chaque commune peut être divisée par arrêté du préfet en autant de sections que l'exigent les circonstances locales et le nombre des électeurs (Loi du 30 novembre 1875, art. 4).

Durée du vote. — Le scrutin ne dure qu'un jour (Loi du 30 novembre 1875, art. 4).

Il reste ouvert depuis huit heures (1) du matin jusqu'à six heures du soir (D.R., 2 février 1852, art. 25).

Du bureau de vote. — *Sa composition et ses attributions.* — Le vote est présidé dans chaque section par un bureau composé d'un Président, de quatre assesseurs et d'un secrétaire.

S'il n'y a qu'une seule section, le bureau est présidé par le maire de la commune.

S'il y a plusieurs sections, le bureau de la 1re section est présidé par le maire : les bureaux des autres sections par les adjoints, dans l'ordre de leur nomination ; et par les conseillers municipaux, dans l'ordre du tableau. A défaut d'adjoints et de conseillers municipaux, le maire désigne les Présidents parmi les assesseurs (D. R. 2 février 1852, art. 12, 13, L., 5 mai 1855, art. 29).

. Les assesseurs sont les Conseillers municipaux sachant lire et écrire, suivant l'ordre du tableau. A défaut de Conseillers municipaux, on prend les deux plus âgés et les deux plus jeunes électeurs présents à l'ouverture de la séance et sachant lire et écrire.

A Paris, les sections sont présidées dans chaque arrondisse-

---

(1) Toutefois, dans les communes où. pour faciliter aux électeurs l'exercice de leurs droits, il paraîtra utile de devancer cette heure, les préfets pourront prendre à cet effet des arrêtés spéciaux qui seront publiés et affichés, dans chaque commune intéressée, 5 jours au moins avant la réunion des collèges électoraux (Décret du 28 juillet 1881).

ment par le maire, les adjoints ou les électeurs désignés par eux (D. R., 1852, art. 13, p. 2).

Les fonctions d'assesseurs sont remplies dans chaque section par les deux plus âgés et les deux plus jeunes électeurs, sachant lire et écrire (D. R., 1852, art. 11, p. 2).

A Paris, comme dans les autres communes, le secrétaire est désigné par le Président et les assesseurs. Il n'a que voix délilibérative (D. R., 1852, art. 12, p. 1, 2, L. 1855, art. 31, p. 2).

Trois membres du bureau au moins doivent être présents pendant tout le cours des opérations électorales.

Le bureau est chargé de prononcer provisoirement sur les difficultés qui s'élèvent touchant les opérations électorales. Ses décisions sont motivées. Toutes les réclamations formulées et les décisions rendues sont inscrites au procès-verbal : les pièces et bulletins qui s'y rapportent y sont annexés, après avoir été paraphés par le bureau (art. 16, D. R.).

De plus, le Président du bureau a seul la police de l'assemblée. Nulle force armée ne peut, sans son autorisation, être placée dans la salle des séances, ni aux abords du lieu où se trouve l'assemblée. Les autorités civiles et les commandants militaires sont tenus de référer à ses réquisitions (art. 11, D. R.).

Quant aux collèges électoraux, ils ne peuvent ni discuter, ni délibérer. Ils doivent se borner à voter (D. R., art. 10).

Du vote. -- Le vote est secret : les électeurs apportent leur bulletin préparé en dehors de l'assemblée ; le papier du bulletin doit être blanc et sans signes extérieurs.

L'électeur remet son bulletin fermé au président qui le dépose dans la boîte du scrutin.

Le vote est constaté par la signature ou le paraphe de l'un des membres du bureau apposé sur la liste, en marge du nom du votant. Cette liste est appelée pour ce motif *liste d'émargement*(D. R., art. 21, 22, 23).

Dépouillement du scrutin. — Après la clôture du scrutin, il est procédé au dépouillement : par les soins du bureau lui-même, dans les sections, où il se sera présenté moins de 300 votants ; avec l'aide d'un certain nombre de scrutateurs, désignés par le bureau parmi les électeurs présents, dans les autres sections.

Les tables où s'opère le dépouillement du scrutin sont disposées de telle sorte que les électeurs puissent circuler à l'entour et surveiller l'opération.

Les bulletins blancs, ceux ne contenant pas une désignation suffisante ou dans lesquels les votants se font connaître n'entrent pas en ligne de compte dans le résultat du dépouillement, mais ils sont annexés au procès-verbal (art. 30, D. R., 1852).

Au contraire, les bulletins sur papier de couleur ou portant des signes extérieurs, entrent en compte, pour fixer le nombre de suffrages exprimés, sans pouvoir être attribués aux candidats qui y sont dénommés.

Immédiatement après le dépouillement, le résultat du scrutin est rendu public : les bulletins autres que ceux qui doivent être annexés au procès-verbal sont brûlés en présence des électeurs.

Les procès-verbaux des opérations électorales de chaque commune sont rédigés en double : un double reste déposé à la mairie ; l'autre est transmis au préfet du département par l'intermédiaire du Sous-Préfet.

Les listes d'émargement de chaque section, signées par le président et le secrétaire, demeurent déposées pendant huit jours au secrétariat de la mairie où tout électeur peut les consulter (art. 31, 32, 33, D. R., 1852).

Recensement général des votes ; proclamation des députés. — Le recensement général des votes, pour chaque circonscription électorale, se fait au chef-lieu du département, en séance publique.

Il est opéré par une Commission composée de 3 membres du Conseil général.

A Paris, il est fait par une Commission de 5 membres du Conseil général désignés par le Préfet de la Seine (D. R., art. 34, 35).

Le Président de la Commission proclame député celui des candidats qui a obtenu la majorité requise par la loi.

Au premier tour de scrutin, nul n'est élu, s'il n'a réuni :

1º La majorité absolue des suffrages exprimés, c'est-à-dire la moitié plus un ;

2º Un nombre de suffrages égal au quart des électeurs inscrits.

Scrutin de ballottage. — Si aucun des candidats n'a obtenu la majorité requise, il est procédé à un second tour de scrutin, dit *scrutin de ballottage*.

Il doit avoir lieu le 2e dimanche qui suit le jour de la proclamation du résultat du premier scrutin (L. du 30 novembre 1875, art. 4).

A ce deuxième tour, la majorité relative suffit.

En cas d'égalité de suffrages, le plus âgé est élu.

§ 2. — Règles particulières au Sénat.

Historique de l'organisation du Sénat. — *Constitution de 1875.* — Tandis que la Constitution de 1875 avait laissé à une *loi ordinaire* le soin de tracer les règles d'organisation de la Chambre des députés, elle s'occupa elle-même d'organiser le Sénat par une loi du 24 février 1875.

Aux termes de cette loi, le Sénat était composé de 300 membres :

75, inamovibles, nommés à vie, tout d'abord par l'assemblée nationale elle-même, et après sa séparation, par le Sénat ;

225, répartis entre les départements, et élus, pour neuf ans, au scrutin de liste, par un collège électoral comprenant :

Les députés du département ;

Les Conseillers généraux ;

Les Conseillers d'arrondissement ;

Et un délégué de chacun des Conseils municipaux du département, quelle que fût l'importance de la commune.

Révision en 1884. — Nous avons déjà noté que cette loi constitutionnelle avait été l'objet d'une révision, par une loi du 14 août 1884 votée par l'Assemblée nationale.

Dans son article 3, cette loi porte que les articles 1 à 7 de la loi constitutionnelle du 24 février 1875, relative à l'organisation du Sénat, cessent d'avoir le caractère constitutionnel.

Désormais donc, la Chambre des députés et le Sénat étaient mis sur le même pied, au point de vue du caractère de la loi qui régissait leur organisation.

La *déconstitutionalisation* des articles réglant l'organisation du Sénat n'avait été opérée que pour faciliter la réforme de la Chambre Haute qui était réclamée depuis quelques années. Cette réforme a été opérée par la loi du 9 décembre 1884.

On peut la résumer en deux propositions :

1° Suppression des inamovibles dans l'avenir ;

2° Modification de la composition du collège électoral, en proportionnant le nombre des délégués sénatoriaux désignés par les conseils municipaux à l'importance de la commune.

Division. — Nous suivrons pour l'étude de l'organisation du Sénat le même ordre que pour la Chambre des députés ; nous ferons connaître successivement :

a) La composition ;
b) L'électorat ;
c) L'éligibilité ;
d) La procédure des élections.

a) Composition.

Nombre de sénateurs. — Les sénateurs sont au nombre de 300.

La loi du 9 décembre 1884 a supprimé pour l'avenir la distinction entre les sénateurs inamovibles et les sénateurs des départements. Tous les sénateurs sont désormais nommés par les départements.

Le nombre de sièges attribués à chacun d'eux est déterminé par la loi.

Quant aux 75 sièges d'inamovibles, ils ont été attribués par la loi du 9 décembre 1884 à un certain nombre de départements, qui ont vu ainsi augmenter leur représentation au Sénat (1).

Mais, pour ne pas porter atteinte aux situations acquises, les sénateurs inamovibles, en fonctions au moment du vote de la dite loi, restent à leur poste jusqu'à leur mort. Ce n'est qu'au fur et à mesure des extinctions, qu'ils doivent être remplacés par de nouveaux membres élus par les départements.

Lorsque la vacance d'un siège d'inamovible se produit, il est procédé à un tirage au sort, dans la huitaine, entre les départements auxquels la loi a attribué les 75 sièges, pour déterminer celui qui sera appelé à élire un sénateur (art. 3, loi du 9 décembre 1884).

Election au suffrage restreint. Mode de scrutin. — A la différence des députés qui sont élus au suffrage universel direct, les sénateurs sont élus au suffrage restreint, au 2e, et même au 3e degré ; ainsi que nous l'indiquerons dans le paragraphe suivant, en étudiant l'électorat.

A plusieurs reprises, des propositions ont été émises pour faire élire les sénateurs par le suffrage universel. Mais ces tentatives n'ont pas abouti. Il n'y a pas lieu de le regretter : parce que

(1) En comparant la loi du 9 décembre 1884 et la loi du 24 février 1875, en ce qui concerne la répartition des sénateurs, on peut se rendre compte, à l'aide du tableau suivant du nombre de sièges attribué à chaque département, en

le jour où le Sénat aurait la même origine que la Chambre des
députés, son utilité n'apparaîtrait plus dans l'organisme constitutionnel ; et il serait condamné à disparaître à courte
échéance.

Dans l'esprit de la Constitution de 1875, le Sénat représente
l'esprit de pondération et de mesure ; on comprend dès lors
qu'on le fasse élire par un Collège électoral composé de gens
participant déjà à l'administration du pays et moins sujets aux
emballements.

Dans chaque département, les sénateurs sont élus au *scrutin*

même temps que de l'augmentation que sa représentation au Sénat a pu subir,
par suite de la suppression des inamovibles.

NOM DES DÉPARTEMENTS.	NOMBRE DES SÉNATEURS LOI DU 24 FÉVRIER 1875	NOMBRE DES SÉNATEURS LOI DU 9 DÉCEMBRE 1884	AUGMENTATION
1º Seine.	5	10	5
2º Nord	5	8	3
3º Côtes-du-Nord, Finistère, Gironde, Pas-de-Calais, Rhône, Seine-Inférieure.	4	5	1
4º Ille et Vilaine, Loire, Loire-Inférieure, Saône-et-Loire.	3	5	2
5º Aisne, Bouches-du-Rhône, Charente-Inférieure, Dordogne, Haute-Garonne, Isère, Maine-et-Loire, Manche, Morbihan, Puy-de-Dôme, Seine-et-Oise, Somme.	3	4	1
6º Ain, Ardèche, Ardennes, Aube, Aude, Charente, Cher, Corrèze, Corse, Côte-d'Or, Creuse, Doubs, Drôme, Eure, Eure-et-Loire, Gers, Indre, Indre-et-Loire, Jura, Landes, Loir-et-Cher, Haute-Loire, Loiret, Lot, Lot-et-Garonne, Marne, Haute-Marne, Mayenne, Meurthe-et-Moselle, Meuse, Nièvre, Haute-Saône, Savoie, Haute-Savoie, Seine-et-Marne, Deux-Sèvres, Tarn, Var, Vienne, Haute-Vienne, Yonne.	2	3	1
7º Allier, Aveyron, Calvados, Gard, Hérault, Oise, Orne, Basses-Pyrénées, Sarthe, Vendée, Vosges.	3	3	0
8º Basses-Alpes, Hautes-Alpes, Alpes-Maritimes, Ariège, Cantal, Lozère, Hautes-Pyrénées, Pyrénées-Orientales, Tarn-et-Garonne, Vaucluse	2	2	0
9º Territoire de Belfort, les 3 départements d'Algérie, 4 colonies : Guadeloupe, Indes françaises, Martinique, Réunion.	1	1	0

de liste : nouvelle différence avec les députés auxquels s'applique le scrutin uninominal par arrondissement.

Durée du mandat. — Les membres du Sénat sont élus pour neuf ans.

Il n'y a jamais de renouvellement intégral : tous les trois ans, le Sénat se renouvelle par tiers.

A cet effet, les sièges de sénateurs ont été répartis par ordre alphabétique en 3 séries A. B. C. qui doivent subir le renouvellement, suivant un ordre fixé par le tirage au sort, auquel il a été procédé, lors de la première entrée en fonctions du Sénat (1).

A la différence de la Chambre des députés, le Sénat ne peut voir ses pouvoirs expirer par suite d'une dissolution.

Individuellement, les sénateurs peuvent avoir leur mandat terminé avant le terme normal, par suite de décès, de démission, de déchéance, d'invalidation ou d'acceptation de fonctions incompatibles avec le mandat de sénateur.

Enfin, les sénateurs inamovibles, encore en fonctions, conservent leur mandat, jusqu'à leur mort.

Dans ces divers cas, le membre élu à la place du sénateur dont les fonctions ont cessé, est soumis au renouvellement en même temps que les autres sénateurs du département qu'il représente.

b) *Electorat.*

Collège électoral. — Les sénateurs sont élus par un collège électoral, réuni au chef-lieu du département ou de la colonie et composé :

1° Des députés ;

2° Des conseillers généraux ;

3° Des conseillers d'arrondissement (2) ;

---

(1) Ce tirage au sort a eu lieu le 29 mars 1876. Les séries sont sorties dans l'ordre suivant :

1° Série B (du département de (Haute) Garonne à celui de l'Oise. Le département de Constantine, et la Martinique en font partie ;

2° Série C (du département de l'Orne à celui de l'Yonne, y compris le département d'Oran et l'Inde française) ;

3° Série A (du département de l'Ain à celui du Gard, plus Alger, la Guadeloupe et l'Ile de la Réunion).

(2) En combinant la loi du 5 avril 1884, sur l'organisation municipale, avec la loi du 9 décembre 1884, sur l'organisation du Sénat, on peut se rendre compte de la corrélation qui existe entre le nombre d'habitants, le nombre de conseillers municipaux, le nombre des délégués et de suppléants. Le ta-

4° D'un certain nombre de délégués, élus parmi les électeurs de la commune, par chaque conseil municipal.

D'après la loi du 24 février 1875. chaque Conseil municipal nommait un délégué, quelle que fut l'importance de la commune ; en sorte que la commune la plus infime du département avait une part égale, dans l'élection sénatoriale, à la commune la plus considérable, celle du chef-lieu. Il y avait là une situation anormale que la loi du 9 décembre 1884 a voulu faire cesser. Elle a en effet proportionné le nombre des délégués et des suppléants à nommer par chaque conseil municipal au nombre de conseillers, lequel est lui-même proportionné au nombre d'habitants, d'après la loi du 5 avril 1884 sur l'organisation municipale.

Le nombre des délégués varie de 1 à 24 : à Paris le conseil municipal nomme 30 délégués et 8 suppléants.

De tout ce qui précède il résulte bien, comme nous le disions plus haut, que le Sénat est élu au 2e et même au 3e degré : au 2e *degré*, par les députés, les conseillers généraux et les conseillers municipaux ; qui, élus par le suffrage universel (1er degré), élisent à leur tour les sénateurs (2e degré) ; au 3e *degré*, par les délégués sénatoriaux : puisque ce sont les conseillers municipaux, élus au suffrage universel direct (1er degré), qui

bleau suivant que nous empruntons au cours de M. Esmein, fait nettement ressortir cette concordance.

NOMBRE DE CONSEILLERS MUNICIPAUX à élire par les communes. *Loi du 5 avril 1884, article 10*		NOMBRE DE DÉLÉGUÉS ET DE SUPPLÉANTS à élire par les conseillers municipaux *Loi du 9 déc. 1884, art. 6 et 8*	
Habitants.	Conseillers municipaux.	Délégués.	Suppléants.
Jusqu'à 500	10	1	1
501 à 1.500	12	2	1
1.501 à 2.500	16	3	1
2.501 à 3.500	21	6	2
3.501 à 10.000	23	9	2
10.001 à 30.000	27	12	3
30.001 à 40.000	30	15	3
40.001 à 50.000	32	18	4
50.001 à 60.000	34	21	4
60.001 et au-dessus.	36	24	5

désignent ces délégués (2e degré), lesquels, à leur tour, votent pour l'élection des sénateurs (3e degré).

Election des délégués sénatoriaux. — Toutes les fois qu'il y a lieu à une élection sénatoriale, un décret fixe le jour où doivent être choisis les délégués des Conseils municipaux. Il doit y avoir un intervalle d'*un mois* au moins entre le choix des délégués et l'élection des sénateurs (art. 1er, loi du 2 août 1875).

Dans chaque Conseil municipal, l'élection des délégués se fait sans débat, au scrutin secret, et, lorsqu'il y en a plusieurs à élire, au scrutin de liste, à la majorité absolue des suffrages.

Après deux tours de scrutin, la majorité relative suffit, et, en cas d'égalité de suffrages, le plus âgé est élu. Il est procédé de même, et dans la même forme, à l'élection des suppléants (art. 2, loi du 2 août 1875, modifié par la loi du 9 décembre 1884, art. 8).

Dans les communes où les fonctions de Conseil municipal sont remplies par une délégation spéciale, en cas de dissolution ou de démission collective, les délégués et les suppléants sont nommés par l'*ancien conseil* (art. 3, loi de 1875 modifié par l'art. 8, loi de 1884).

Les suppléants sont chargés de remplacer les délégués, en cas de refus ou d'empêchement de leur part, selon l'ordre fixé par le nombre de suffrages obtenus par chacun d'eux (art. 2, *in fine*).

Peuvent être désignés comme délégués ou suppléants : tous les électeurs de la commune, y compris les conseillers municipaux.

Mais le choix des conseillers municipaux ne peut porter ni sur un député, ni sur un conseiller général, ni sur un conseiller d'arrondissement (art. 2, loi du 2 août 1875).

Acceptation ou refus des délégués. — Les délégués doivent faire connaître s'ils acceptent ou refusent le mandat qui leur est confié :

Séance tenante, lorsqu'ils sont membres du conseil municipal et assistent au vote ;

Dans les cinq jours (1), à partir de la notification de l'élection, — notification que le maire est obligé de faire, dans les 24 heures.

(1) L'avis d'acceptation est adressé au préfet du département.

En cas de refus ou de silence, ils sont remplacés par les suppléants qui sont alors portés sur la liste comme délégués de la commune (art. 4, loi de 1875, modifié par l'art. 8 loi de 1884).

Procès-verbal. — Tableau des résultats des élections. — Contentieux des élections. — Le procès-verbal de l'élection des délégués et des suppléants est transmis immédiatement au préfet. Il mentionne l'acceptation ou le refus des délégués et suppléants, ainsi que les protestations élevées contre la régularité de l'élection par un ou plusieurs membres du Conseil municipal. Une copie de ce procès-verbal est affichée à la porte de la mairie (art. 5, loi de 1875, modifié par l'art. 8, loi de 1884).

Un tableau du résultat des élections est dressé dans la huitaine par le préfet. Ce tableau est communiqué à tout requérant : il peut être copié et publié.

Tout électeur a de même le droit de prendre, dans les bureaux de la préfecture, communication et copie de la liste, par commune, des conseillers municipaux du département, et, dans les bureaux de la sous-préfecture, de la liste, par commune, des conseillers municipaux de l'arrondissement (art. 6, loi du 2 août 1875).

Tout électeur de la commune peut, dans un délai de trois jours, adresser directement au préfet une protestation contre la régularité de l'élection. Le préfet a lui-même le droit d'en demander l'annulation, s'il estime que les opérations ont été irrégulières (art. 7, L. 2 août 1875).

Les protestations relatives à l'élection des délégués ou des suppléants sont jugées par le Conseil de préfecture (1), sauf recours au Conseil d'État.

Les délégués dont l'élection est annulée parce qu'ils ne remplissent pas une des conditions exigées par la loi, ou pour vices de forme, sont remplacés par les suppléants.

En cas d'annulation de l'élection d'un délégué et de celle d'un suppléant, comme en cas de refus ou de décès de l'un et de l'autre, après leur acceptation, il est procédé à de nouvelles élections par le Conseil municipal, au jour fixé par un arrêté du Préfet (art. 8, loi 1875 modifié en 1884).

Caractère obligatoire du mandat de délégué sénatorial. — Sanction pénale. — Le délégué sénatorial n'est pas, comme un

(1) Et dans les colonies, par le conseil privé.

simple électeur, libre de prendre part à l'élection ou de s'abstenir. Il est dans l'*obligation juridique* de voter (1), ou, s'il en est empêché, d'avertir en temps utile le suppléant, pour qu'il puisse voter, à sa place ; en acceptant la fonction qu'on lui a confiée, il s'est engagé à représenter la Commune dans l'élection sénatoriale : il doit exécuter fidèlement ce mandat, sous peine d'une sanction rigoureuse.

D'après l'article 18 de la loi du 2 août 1875, tout délégué, qui, sans cause légitime, n'aura pas pris part à tous les scrutins, ou, étant empêché, n'aura point averti le suppléant en temps utile, sera condamné à une amende de cinquante francs par le Tribunal civil du chef-lieu, sur les réquisitions du Ministère public.

La même peine peut être appliquée au délégué suppléant qui, averti par lettre, dépêche télégraphique, ou avis à lui personnellement délivré en temps utile, n'aura pas pris part aux opérations électorales.

Indemnité des délégués. — Les délégués qui ont pris part à tous les scrutins pour l'élection des sénateurs, reçoivent, lorsqu'ils le requièrent une indemnité de déplacement, qui leur est payée sur les fonds de l'Etat (art. 17, loi du 2 août 1875).

Le mode de taxation et de paiement de cette indemnité est réglé par un décret du 26 décembre 1875.

Qu'il nous suffise de noter :

1º Que ladite indemnité est fixée à 2 fr. 50 par myriamètre parcouru, tant en allant qu'en revenant (art.1er) ;

2º Qu'elle est réglée par myriamètre et demi-myriamètre : les fractions au-dessus de 7 kilomètres étant comptées pour un myriamètre, et celles de 3 à 7 kilomètres, pour un demi-myriamètre ; aucune indemnité n'étant due, lorsque la distance n'atteint pas 3 kilomètres (art. 2) ;

3º Que la distance se compte, *quel que soit le domicile du délégué,* du chef-lieu de la commune qui l'a élu, au chef-lieu du département (art. 3).

c) *Eligibilité.*

Principe. — Pour être sénateur, il faut remplir les conditions suivantes :

(1) Là s'arrête l'obligation du délégué : il ne peut être contraint de voter pour tel candidat. Ajoutons que comme le vote est secret, il pourrait, sans encourir aucune peine, déposer dans l'urne un bulletin blanc.

1° Etre français du sexe mâle ;

2° Avoir quarante ans au moins ;

3° Jouir de ses droits civils et politiques (art. 4, loi du 9 décembre 1884).

4° Justifier avoir satisfait aux obligations de la loi sur le recrutement (Loi du 16 août 1893).

Inéligibilités. — Les cas d'inéligibilité, soit relative soit absolue que nous avons indiqués, plus haut, pour la Chambre des députés, sont applicables au Sénat. La loi du 9 décembre 1884 a fait disparaître sur ce point les différences qui existaient antérieurement entre les deux assemblées (1).

Il subsiste cependant une dernière, mais unique, règle particulière au Sénat.

Après avoir posé, dans l'article 5, le principe que les militaires des armées de terre et de mer ne peuvent être élus sénateurs, la loi de 1884 ajoute :

Sont exceptés de cette disposition :

« Les maréchaux de France et les amiraux ».

Pareille dérogation n'existe pas, pour la Chambre des députés.

Mais, en l'état actuel de notre organisation militaire et maritime, c'est là une différence purement théorique.

Incompatibilités. — En 1875, une différence importante existait entre la Chambre des députés et le Sénat, en ce qui concerne les incompatibilités.

Tandis, en effet, que l'article 8 de la loi du 30 novembre 1875 sur l'élection des députés posait le principe que toute fonction rétribuée par l'Etat est incompatible avec le mandat de député, sauf certaines exceptions énumérées à la fin de cet article et dans l'article 9 ; la loi du 2 août 1875 sur les élections des sénateurs, avait admis pour le Sénat une disposition de laquelle il résultait, qu'il n'y a aucune incompatibilité, en principe entre le mandat de sénateur et l'exercice des fonctions publiques, à l'exception de certaines fonctions, qu'il énumérait limitativement dans son article 20.

Il y avait ainsi entre les deux assemblées législatives une

---

(1) Ces différences consistaient notamment, en ce que les officiers de l'armée de terre et de mer n'étaient pas frappés d'une inéligibilité absolue au Sénat, mais simplement d'une inéligibilité relative, dans le ressort où ils exerçaient leurs fonctions, pendant l'exercice des dites fonctions, et pendant six mois après leur cessation (art. 21, loi du 2 août 1875).

anomalie qu'on essaya de faire disparaître. En 1884, les tentatives faites dans ce sens n'ayant pas encore abouti au moment de la réforme du Sénat, la loi du 9 décembre 1884 se borna à prendre une mesure transitoire, déclarant applicable au Sénat l'article 8 précité de la loi du 30 novembre 1875 (1), en attendant le vote d'une loi spéciale sur les incompatibilités parlementaires.

Par un revirement curieux des choses, le Sénat se trouva dans une situation moins bonne que la Chambre des députés, l'article 9 de la loi de 1875, qui contient 2 exceptions de plus au principe de l'incompatibilité, ne lui étant pas applicable.

Cette cause d'infériorité a cessé par la loi du 26 décembre 1887, qui a étendu au Sénat l'article 9. En sorte que, à l'heure actuelle, les deux Chambres législatives sont soumises aux mêmes règles en ce qui concerne les incompatibilités.

Une différence subsiste cependant sur un point important.

Nous avons vu que d'après l'article 11 de la loi du 30 novembre 1875, tout député nommé à une fonction publique salariée cesse d'appartenir à la Chambre par le fait même de son acceptation, que cette fonction soit compatible ou non avec son mandat, — sous cette réserve, si elle est compatible, de pouvoir solliciter de nouveau le suffrage de ses électeurs.

Cette disposition ne s'applique pas au Sénat ; la cessation du mandat de sénateur ne se produit, par suite de l'acceptation d'une fonction publique, qu'autant que ladite fonction est incompatible avec l'exercice de ce mandat.

Candidatures multiples. — Terminons enfin, en faisant remarquer, comme dernière particularité du Sénat, que la loi du 17 juillet 1889 interdisant les candidatures multiples et soumettant les candidats à faire connaître dans quelle circonscription ils entendent se présenter, ne s'applique pas à la Chambre Haute (2). Le danger que le législateur a redouté, et a voulu

_____

(1) Le texte ajoute que tout fonctionnaire atteint par cette disposition qui comptera 20 ans de services et 50 ans d'âge au moment de l'acceptation de son mandat, pourra faire valoir ses droits à une pension de retraite proportionnelle, qui sera réglée conformément au 3e paragraphe de l'article 12 de la loi du 9 juin 1853.

(2) Sans doute, en présence des termes très larges de la loi de 1889, qui parle purement et simplement de la *Chambre* sans préciser de quelle Chambre elle entend parler, et de même, en s'appuyant sur l'exposé des motifs de cette loi, qui ne fait pas de distinction, on pourrait soutenir que l'interdiction des candidatures multiples, doit s'appliquer au Sénat, mais cette interprétation irait

conjurer en édictant les dispositions dont il s'agit est en effet moins à craindre pour le Sénat que pour la Chambre des députés.

d) *Procédure des élections.*

Convocation des électeurs. — *Mode de convocation.* — *Délai.* — *Jour.* — Les collèges électoraux pour l'élection des sénateurs sont convoqués par un décret du pouvoir exécutif.

Le même décret fixe le jour pour l'élection des délégués sénatoriaux, et pour l'élection sénatoriale elle-même.

Ce décret doit être rendu au moins six semaines à l'avance.

Nous savons, d'autre part, qu'il doit y avoir un délai d'un mois entre le choix des délégués et l'élection des sénateurs.

En sorte que, si le décret de convocation est promulgué le 1er janvier, l'élection des délégués ne pourra être fixé que le 11 février, au plus tôt, et l'élection sénatoriale, le 11 mars suivant.

Le jour de l'élection doit être, autant que possible, un dimanche ou un jour férié.

Époque de la convocation. — Les électeurs sénatoriaux peuvent être convoqués pour les élections sénatoriales dans deux circonstances que nous allons examiner.

1° *Renouvellement triennal.* — La loi n'a pas indiqué l'époque exacte à laquelle les élections doivent avoir lieu. Le gouvernement est donc libre de choisir cette époque, sous sa responsabilité.

2° *Élections partielles.* — En dehors du renouvellement triennal, des élections au Sénat peuvent avoir lieu par suite d'option, d'invalidation, de décès ou de démission.

En cas d'option et d'invalidation, il est pourvu à la vacance, dans le délai d'un *mois*, et par le *même corps électoral* (art. 22, loi du 2 août 1875).

Par cette dernière expression, la loi veut dire que ce sont les mêmes délégués sénatoriaux qui composeront le collège électoral, il n'y aura pas lieu d'en désigner d'autres. Cette expression ne se rapporte pas aux députés, conseillers généraux et conseillers d'arrondissement qui auraient perdu ou auraient acquis cette qualité dans l'intervalle des deux élections.

à l'encontre du véritable esprit de la loi, et, jusqu'ici du moins, elle n'a pas été suivie par l'administration.

En cas de décès ou de démission, il est pourvu à la vacance, dans le délai de *trois mois*.

Ajoutons, que si la vacance survient dans les *six mois* qui précèdent le renouvellement triennal de la série à laquelle appartient le siège vacant, il n'y est pourvu qu'au moment de ce renouvellement (art. 23, loi du 2 août 1875 modifié par la loi du 9 décembre 1884).

Opérations électorales. — *Lieu du vote.* — Le vote a lieu au chef-lieu du département.

La loi n'indique pas le local qui doit y être affecté. C'est le préfet qui le désigne : c'est en général la justice de paix ou la préfecture.

Bureau du collège électoral. — *Sa composition, ses attributions.* — Le collège électoral est présidé par le président du Tribunal civil du chef-lieu du département ou de la colonie : s'il est empêché, il est remplacé par le vice-président, et à son défaut, par le juge le plus ancien.

Le président est assisté des deux plus âgés et des deux plus jeunes électeurs présents à l'ouverture de la séance.

Le bureau ainsi composé choisit un secrétaire parmi les électeurs (art. 12, loi du 2 août 1875).

Le bureau répartit les électeurs par ordre alphabétique en sections de vote comprenant au moins 100 électeurs. Il nomme les présidents et scrutateurs de chacune de ces sections.

Il statue sur toutes les difficultés et contestations qui peuvent s'élever au cours de l'élection sans pouvoir toutefois s'écarter des décisions rendues par le Conseil de préfecture ou le Conseil d'Etat sur les élections des délégués sénatoriaux (art. 13, loi du 2 août 1875).

Durée du vote. — *Trois scrutins possibles.* — L'élection de sénateur doit être terminée en un seul jour, à la différence des élections des députés, qui entraînent un scrutin de ballottage, à une époque ultérieure, au cas où le premier tour n'a pas donné de résultat définitif (1).

_____

(1) Cette différence s'explique par le dérangement que l'élection sénatoriale impose aux délégués sénatoriaux pour se transporter au chef-lieu du département. On n'a pas cru devoir leur infliger ce déplacement une seconde fois pour un scrutin de ballottage. Il n'en est pas ainsi pour l'élection des députés, l'élection ayant lieu au chef-lieu de chaque commune, et la commune elle-même pouvant être divisée en plusieurs bureaux de vote pour faciliter à l'électeur l'exercice de son droit électoral.

En conséquence, la loi prescrit jusqu'à trois tours successifs de scrutin, dans la même journée.

Le 1er tour est ouvert à *huit heures du matin* et fermé à *midi*. Si la majorité prescrite par la loi n'est pas obtenue, un 2e tour a lieu.

Il est ouvert à *deux heures* et fermé à *quatre heures*.

En cas de nouveau ballottage, un troisième et dernier tour est ouvert à six heures, et fermé à huit heures : il doit forcément amener un résultat définitif (art. 14, loi du 2 août 1875).

Majorité requise. — Pour être élu sénateur à *l'un des deux premiers tours*, il faut obtenir :

1o La majorité absolue des suffrages exprimés ;

2o Un nombre de voix égal au quart des électeurs inscrits.

Au contraire, au *troisième tour de scrutin*, la majorité relative suffit : et, en cas d'égalité de suffrages, le plus âgé est élu (art. 15, loi du 2 août 1875).

Voilà pourquoi ce dernier tour est décisif.

§ 3. — Règles communes à la Chambre des députés et au Sénat.

Les règles d'organisation communes à la Chambre des députés et au Sénat sont relatives à un certain nombre de points que nous allons passer en revue successivement.

I. — **Siège des deux Chambres.** — Les deux Chambres ont leur siège dans la même ville. D'après la Constitution de 1875 cette ville était Versailles (art. 7, L.C. du 25 février 1875).

Nous avons déjà vu que cette disposition de la Constitution avait été abrogée par une L.C. du 21 juin 1879.

A la suite de cette abrogation, une *loi ordinaire* du 22 juillet 1879 a transporté le siège des deux Chambres à Paris : en affectant le palais du Luxembourg au Sénat, et le palais Bourbon à la Chambre des députés.

Cependant, chacune des deux Chambres demeure maîtresse de désigner, dans la ville de Paris, un autre local que celui qui leur est réservé par cette loi, pour y tenir ses séances.

II. — **Mise en activité des deux Chambres.** — C'est au chef du pouvoir exécutif qu'il appartient de mettre les Chambres en activité, en les convoquant ou en les ajournant. Mais ce pouvoir est limité par certaines règles destinées à assurer la régularité et la fréquence des sessions parlementaires.

Ces règles sont relatives : à la simultanéité des sessions ; à l'organisation des sessions ; et à la réglementation du droit d'ajournement.

1° *Simultanéité des sessions.* — En principe, les sessions des deux Chambres sont simultanées ; une Chambre ne peut être en session, alors que l'autre est ajournée (1).

C'est ce qu'exprime l'article 1er, L. C. 16 juillet 1875 en disant que la session de l'une commence et finit en même temps que celle de l'autre.

L'article 4 de cette même loi déclare que toute assemblée de l'une des deux Chambres qui serait tenue hors du temps de la session commune est illicite et nulle de plein droit.

Ce principe souffre *deux exceptions* importantes au profit du Sénat.

Dans deux circonstances, le Sénat peut se trouver seul réuni :

1° Lorsque la Présidence de la République devient vacante et que la Chambre des députés est dissoute, le Sénat se réunit de plein droit (art. 3, L. C. 16 juillet 1875).

Le rôle du Sénat se borne à surveiller et à contrôler le Conseil des Ministres investi intérimairement du pouvoir exécutif. Il ne peut faire aucune loi ;

2° Lorsque le Sénat est réuni comme Cour de justice (art. 4).

Dans ce cas, il ne peut exercer que des fonctions judiciaires.

2° *Organisation des sessions.* — Les Chambres ont deux sortes de sessions : des sessions ordinaires et des sessions extraordinaires.

La session ordinaire des deux Chambres commence le *second mardi de janvier.* A cette époque, les deux Chambres se réunissent *de plein droit.* Elles n'ont pas besoin d'être convoquées par un décret du Président de la République. Celui-ci ne pourrait pas, d'autre part, retarder l'ouverture de la session, en la reportant à une époque ultérieure. Mais, il peut l'avancer par une convocation antérieure.

La session ordinaire dure au moins *cinq mois* chaque année (art. 1er).

_____

(1) Il ne faut pas confondre *session* avec *séance* : la loi ne prescrit pas la simultanéité des séances ; et, en fait, il y a certains jours de la semaine, où la Chambre ne siège pas, tandis que le Sénat tient séance ; le mercredi notamment est consacré aux réunions en commissions à la Chambre, tandis qu'au Sénat, on siège.

La clôture des sessions est prononcée par le Président de la République (art. 2).

En dehors de leur session ordinaire, les Chambres peuvent être convoquées extraordinairement par le chef de l'État, dans deux circonstances différentes :

1° Le Président de la République a le *droit* de convoquer les Chambres, en session extraordinaire, lorsqu'il le juge convenable ;

2° Il a le *devoir* de les convoquer, lorsque la demande en est faite, dans l'intervalle des sessions, par la majorité des membres composant chaque Chambre.

Dans la pratique, en raison de l'importance des travaux législatifs et notamment du vote annuel du budget, les deux Chambres sont en quelque sorte en session permanente pendant toute l'année : en session ordinaire, du mois de janvier au mois de juillet ; en session extraordinaire, pendant les mois de novembre et décembre.

3° *Réglementation du droit d'ajournement.* — Le Président de la République a, nous l'avons dit, le droit d'ajourner les Chambres : mais, pour que ce droit ne soit pas entre ses mains un moyen de se rendre indépendant, en les tenant séparées trop longtemps, les lois constitutionnelles ont pris soin de le réglementer de la façon suivante (1) :

1° L'ajournement ne peut excéder le terme d'un *mois* ;

2° Il ne peut avoir lieu plus de *deux fois* dans la même session ;

3° Enfin, le droit d'ajournement est limité par la règle indiquée plus haut, à savoir que les deux Chambres doivent être réunies en session ordinaire pendant *cinq mois* au moins chaque année.

Le temps pendant lequel les Chambres ont été ajournées par décision du Président de la République, ne compte pas dans le calcul des 5 mois.

Notons enfin, que les Chambres elles-mêmes ont la faculté de s'ajourner, comme elles l'entendent. Ce droit n'est pas soumis aux limitations précédentes, et le temps que dure l'ajournement volontaire des Chambres compte pour la durée minima de la session ordinaire.

_____

(1) La limitation du droit d'ajournement ne s'applique évidemment qu'à la session ordinaire.

Nous voyons donc que, en ce qui concerne le fonctionnement des Chambres, la Constitution de 1875 a choisi un système intermédiaire entre le système suivi par la monarchie de 1814 et de 1830 et le second empire (1), — qui attribuait au pouvoir exécutif le droit absolu de convoquer et d'ajourner les Chambres à son gré — et le système de la permanence des assemblées législatives mis en pratique par les Constitutions de 1791, de l'an III et de 1848.

III. — Bureaux des Chambres. — Les deux Chambres ont, à leur tête, un bureau comprenant :

1 président,
4 vice-présidents,
3 questeurs,
Des secrétaires, au nombre de six, au Sénat, de huit à la Chambre des députés.

Le bureau est élu chaque année, au commencement de la session ordinaire, à la *majorité absolue* des suffrages exprimés, quelque soit le nombre de tours de scrutin.

Le bureau est élu pour toute la durée de la session, et pour toute session extraordinaire qui aurait lieu avant la session ordinaire de l'année suivante (art. 11, L. C. 16 juillet 1875).

Avant l'élection de leur bureau, les Chambres sont présidées par le doyen d'âge, assisté des six plus jeunes membres présents, en qualité de secrétaires.

Il reste à signaler une particularité, pour la Chambre des députés. Quand une législature nouvelle commence, la séance est ouverte comme il vient d'être dit, sous la présidence du doyen d'âge : puis il est procédé à la constitution d'un *bureau provisoire*, composé d'un président et de deux vice-présidents.

Enfin, quand les pouvoirs de la moitié plus un des membres ont été vérifiés, il est procédé à l'élection du *bureau définitif*.

IV. — Division des Chambres en bureaux. — Pour faciliter les travaux parlementaires, les membres de chaque Chambre sont répartis en un certain nombre de groupes, ou *bureaux*.

Il y a 11 bureaux à la Chambre ;
9   —   au Sénat.

(1) En Angleterre, d'après le texte d'un ancien statut, qui n'a jamais été abrogé, le gouvernement ne serait pas tenu de convoquer le parlement plus d'une fois tous les *trois* ans. Mais, il n'est pas à craindre qu'il use de ce pouvoir. Rien ne pourrait plus marcher, si le parlement anglais n'était réuni en session continuelle.

La répartition des membres entre les bureaux a lieu par voie de tirage au sort.

Il y est procédé, en séance publique, par les soins du président de chaque Chambre, au commencement de la séance d'ouverture ; et il est renouvelé chaque mois.

A la tête de chaque bureau, il y a un président et des secrétaires.

Ce sont les bureaux qui désignent dans leur sein, après discussion, les membres des Commissions parlementaires.

V. — Vérification des pouvoirs. — D'après l'article 10 de la L. C. du 16 juillet 1875, chacune des deux Chambres est juge de l'éligibilité de ses membres et de la régularité de leur élection.

Le pouvoir qui appartient aux Chambres sur ce point est absolu et sans appel : il leur est aussi loisible d'exclure des membres dont l'élection est régulière, que de valider des membres dont l'élection est entachée d'illégalité.

C'est un droit redoutable dont les assemblées législatives peuvent abuser en le mettant au service des passions politiques de la majorité.

Quant à la procédure suivie pour la vérification des pouvoirs, voici comment on opère à la suite d'élections générales à la Chambre, ou d'un renouvellement partiel du Sénat.

Immédiatement après le tirage au sort des bureaux, les procès-verbaux d'élections sont répartis entre les bureaux, en suivant l'ordre alphabétique des départements, et autant que possible, proportionnellement au nombre total des départements. Dans chaque bureau, il est formé une commission de 5 membres désignés par le sort, qui examine les procès-verbaux, et fait connaître au bureau le résultat de ses recherches. Le bureau nomme un rapporteur chargé de soutenir ses conclusions devant la Chambre.

On procède d'abord à la validation *en masse* des élections non contestées.

Puis, on passe à celles contre lesquelles des réclamations ont été élevées. Il est d'usage pour celles-là de prévenir le candidat qui a été proclamé élu et son concurrent qui proteste contre l'élection, pour qu'ils puissent être entendus par la Commission.

A la suite des débats qui ont lieu sur la vérification des pouvoirs d'un député ou d'un sénateur, la Chambre peut prendre l'une des solutions suivantes : valider l'élection, l'annuler ou ordonner une enquête, lorsque les faits articulés sont équivoques.

Au droit de vérifier les pouvoirs de ses membres s'ajoute pour chaque Chambre le droit exclusif de recevoir leur démission. De cette façon, en refusant d'accepter une démission qui lui paraît n'être que la conséquence d'une pression étrangère, elle peut garantir l'indépendance de ses membres, à l'égard de certains Comités électoraux trop entreprenants. De même, un candidat élu à la suite de manœuvres déloyales ne peut, en donnant sa démission anticipée, enlever à la Chambre le pouvoir de lui infliger la honte d'une invalidation.

VI. — Règlement intérieur. — Chaque Chambre a le droit de faire un règlement intérieur pour déterminer les points de son organisation et de son fonctionnement, qui ne sont pas indiqués par les lois constitutionnelles, et arrêter dans ses moindres détails les conditions dans lesquelles doit s'opérer le travail législatif.

La Constitution de 1875 n'a pas expressément reconnu aux Chambres le pouvoir de faire ces règlements intérieurs : mais ce droit doit leur être accordé par cela seul qu'il ne leur a pas été formellement retiré. Bien mieux, plusieurs textes y renvoient directement (1).

En raison du laconisme de nos lois constitutionnelles, les règlements intérieurs des Chambres ont une importance considérable, et tranchent un certain nombre de questions que la constitution a laissées de côté ; telles que la division en bureaux, le quorum, ou nombre de membres dont la présence est nécessaire pour qu'une délibération puisse être prise régulièrement, la constitution des commissions permanentes, etc., etc.

Il est enfin un point, non moins intéressant, que le règlement traite : c'est la *discipline*. A ce sujet il édicte un certain nombre de peines, les unes purement morales, telles que le rappel à l'ordre ; d'autres, pécuniaires, telles que l'exclusion temporaire qui entraîne la suspension de l'indemnité parlementaire et le paiement de frais d'affichage élevés.

En cette matière, les deux Chambres ont un pouvoir souverain et aucun recours ne serait recevable devant les Tribunaux

_____

(1) Notamment, art. 5, p. 2, L. C. 16 juillet 1875.

judiciaires contre l'application d'une peine disciplinaire infligée à un de leurs membres.

VII. — Publicité des séances. — En principe, les séances des Chambres sont publiques (art. 5, p. 1, L. C. du 16 juillet 1875).

Cette publicité consiste tout d'abord, dans l'accession du public dans des tribunes disposées à cet effet dans la salle des séances.

Elle est, en outre, assurée par la publication du compte rendu *in extenso* des séances au *Journal officiel,* avec la reproduction des votes de chaque membre sur les questions qui ont fait l'objet d'un scrutin public.

Il faut citer, à côté de cette publication, les comptes rendus analytiques adressés à toutes les communes de France, et affichés par les soins des maires : enfin, ceux qui sont rédigés par la presse de chaque jour.

Cette publicité est une garantie précieuse de l'indépendance du pouvoir législatif : elle est, en outre, pour les électeurs un moyen très sûr d'apprécier le zèle de leurs représentants à remplir fidèlement le mandat qui leur a été confié.

Réunion en comité secret. — Par exception, chaque Chambre a le droit de se former en comité secret, sur la demande écrite d'un certain nombre de ses membres fixé par le règlement : ce nombre est 20 à la Chambre des députés, 5 au Sénat.

Cette faculté est utile, dans des circonstances exceptionnelles, pour assurer la sécurité de l'assemblée lorsqu'il s'agit de prendre dans l'intérêt de l'État des mesures qui peuvent être impopulaires, ou pour discuter une question intéressant la défense ou l'honneur national, s'il y a avantage à en éviter la divulgation à l'étranger.

Lorsqu'une Chambre s'est ainsi formée en comité secret, elle décide ensuite, à la *majorité absolue,* si la séance doit être reprise en public sur le même sujet (art. 5, p. 2, L. C. du 16 juillet 1875).

VIII. — Sûreté des deux Chambres. — En dehors du droit reconnu aux Chambres de se former en comité secret pour assurer l'indépendance de leurs délibérations, la loi du 29 juillet 1879 leur a donné un moyen plus efficace encore de se mettre à l'abri de toute entreprise coupable contre leurs membres.

Droit de requérir la force armée. — D'après l'article 5 de cette loi, les présidents de la Chambre des députés et du Sénat sont chargés de veiller à la sûreté intérieure ou extérieure de l'assemblée qu'ils président.

A cet effet, ils ont le droit de requérir la force armée et toutes les autorités dont ils jugent le concours nécessaire.

Les réquisitions peuvent être adressées directement à tous officiers, commandants ou fonctionnaires, qui sont tenus d'y obtempérer immédiatement sous les peines portées par les lois.

Les Présidents du Sénat et de la Chambre des députés peuvent déléguer leur droit de réquisition aux questeurs ou à l'un d'eux.

Ce droit de réquisition ne porte pas atteinte au principe d'après lequel le Président de la République est le chef de l'armée dont il a la disposition : elle permet seulement aux Présidents des Chambres de faire garder le palais, où ils tiennent leurs séances, par des forces militaires cantonnées à l'intérieur ou aux alentours.

Le gouvernement a lutté pour empêcher qu'un pouvoir aussi considérable que ce droit de *réquisition directe* fût concédé aux Chambres : elles ont persisté à le voter pour se mettre à l'abri des coups d'Etat qui pourraient être dirigés par le gouvernement contre elles.

Mode de présentation des pétitions aux Chambres. — On peut aussi rattacher à la préoccupation d'assurer la sécurité, en même temps que la dignité des assemblées législatives, la disposition de l'article 6 de la même loi du 22 juillet 1879, qui déclare que toute pétition à l'une ou à l'autre Chambre ne peut être faite et présentée que par écrit. Il est interdit d'en apporter en personne ou à la barre.

Toute infraction à cet article, toute provocation par des discours proférés publiquement ou par écrits ou imprimés, affichés ou distribués, à un rassemblement sur la voie publique, ayant pour objet la discussion, la rédaction ou l'apport aux Chambres ou à l'une d'elles de pétitions, déclarations ou adresses, que la provocation ait été ou non suivie d'effet, sera punie des peines édictées par le paragraphe 1er de l'article 5 de la loi du 7 juin 1848 sur les attroupements (1).

IX. — **Enquêtes parlementaires.** — Le droit pour les Cham-

(1) Art. 5 : « Quiconque faisant partie d'un attroupement non armé ne l'aura pas abandonné après le roulement de tambour précédant la deuxième sommation, sera puni d'un emprisonnement de 15 jours à 6 mois. Si l'attroupement n'a pu être dissipé par la force, la peine sera de six mois à deux ans. »

bres d'ordonner des enquêtes n'est pas reconnu par la Constitution, mais il est consacré par l'usage et réglementé par la coutume parlementaire.

Objet. — Ces enquêtes peuvent avoir pour objet, soit de découvrir et de mettre à jour les abus de l'administration, soit d'apprécier le bien fondé des protestations élevées contre la régularité des opérations électorales, ainsi que nous l'avons signalé plus haut, soit enfin, de se rendre compte des réformes qu'il conviendrait de faire aboutir pour améliorer le fonctionnement des diverses branches de l'administration publique, commerce, industrie, agriculture etc., en prenant conseil auprès des intéressés eux-mêmes.

Il faut noter que ces enquêtes ne sauraient avoir comme conséquence un empiètement du pouvoir législatif dans le domaine administratif ou judiciaire. Les Chambres ne sauraient annuler un acte qui leur paraîtrait irrégulier, ou frapper un fonctionnaire infidèle.

Elles peuvent seulement aboutir à mettre en jeu la responsabilité ministérielle, ou bien amener comme résultat le dépôt et le vote de projets ou de propositions de loi.

Pouvoirs des commissions d'enquêtes. — Quels sont les pouvoirs des commissions chargées de conduire une enquête parlementaire? Peuvent-elles citer devant elles des témoins, les contraindre à prêter serment, sous peine des amendes prononcées par la loi contre les témoins défaillants? peuvent-elles exiger que des pièces officielles leur soient communiquées? On est d'accord pour reconnaître ces divers pouvoirs aux commissions d'enquêtes nommées pour l'examen d'une élection ; parce qu'alors la Chambre fait véritablement *œuvre judiciaire.* Mais, en dehors de ce cas, le doute est permis, et la doctrine incertaine.

X. — Commissions parlementaires. — Le travail préparatoire au Sénat comme à la Chambre, se fait dans des commissions qui sont nommées par les bureaux. C'est là que les projets et les propositions de loi sont étudiés, discutés, pour être soumis ensuite au grand jour des débats publics et aux délibérations des Chambres.

En dehors des Commissions désignées pour l'examen particulier de tel ou tel projet ou proposition de loi, il existe, à la Chambre et au Sénat, un certain nombre de commissions qui **constituent un des rouages les plus considérables du système législatif.**

Ce sont les Commissions mensuelles et la Commission du budget. On peut y ajouter les Commissions interparlementaires.

Commissions mensuelles. — A chaque renouvellement des bureaux, il est nommé dans les deux Chambres, quatre Commissions, qui restent en fonctions jusqu'au renouvellement suivant, et qui ont des attributions particulières :

1° La Commission d'*initiative parlementaire*, chargée d'examiner les *propositions de loi* ;

2° La Commission des *intérêts communaux et départementaux*, ayant pour objet l'examen des projets d'intérêt local, tels qu'emprunts, impositions extraordinaires, etc.

3° La Commission des pétitions ;

4° La Commission des congés.

Commission du budget. — La Commission du budget est de beaucoup la plus importante de toutes les Commissions parlementaires. Elle ne s'occupe pas seulement de rapporter le projet du budget annuel ; elle est chargée en outre de tout ce qui touche aux finances de l'Etat : demandes de crédits supplémentaires ou extraordinaires, règlement des budgets clos, et, d'une façon générale, de tous les projets ou propositions pouvant exercer une influence quelconque sur la situation du trésor.

Elle est composée de 33 membres à la Chambre des députés, de 18 au Sénat. Elle se divise en un certain nombre de sous-Commissions entre lesquelles sont répartis les services des Ministères. Elle nomme des rapporteurs spéciaux pour les différents services, et un rapporteur général, qui est chargé de centraliser les décisions prises par la Commission ou la Chambre, d'établir d'après ces décisions, la situation générale du budget, et surtout de soutenir la discussion de la loi des recettes.

Commissions interparlementaires. — Lorsque sur un projet ou une proposition de loi, les deux Chambres n'ont pu se mettre d'accord, elles peuvent nommer chacune une Commission de 11 membres, et lui donner mission d'entrer en conférence pour arrêter un texte sur lequel l'entente pourra s'établir. Ces *conférences* sont dites *interparlementaires*, et on donne le même nom aux Commissions qui sont chargées de les organiser.

XI. — **Prérogatives individuelles des membres des deux chambres.** — Les membres des deux chambres jouissent d'un certain nombre de prérogatives qu'on peut grouper sous les deux rubriques suivantes :

1° Indemnité parlementaire ;

2° Immunités parlementaires.

1° *Indemnité parlementaire.* — D'après la loi du 30 novembre 1875, combinée avec la loi du 15 mars 1849 et la loi du 2 août 1875, article 26, les membres des deux chambres ont droit à une indemnité de 9.000 francs.

La loi du 16 février 1872 a complété les dispositions précédentes en ce qui concerne la Chambre des députés, pour les députés qui sont investis de fonctions publiques. Il ne peut pas y avoir cumul de l'indemnité parlementaire et du traitement de fonctionnaire.

En conséquence, si le chiffre de l'indemnité est supérieur au traitement, le traitement n'est pas acquitté pendant toute la durée du mandat législatif. Il est ordonnancé au profit du trésor.

Si le chiffre du traitement est supérieur à celui de l'indemnité, le fonctionnaire ne touche que la portion de son traitement n'excédant la dite indemnité (art. 23, loi de 1872).

Les dispositions de cette loi ne sont pas applicables au Sénat : le Conseil d'Etat l'a décidé par un arrêt du 26 janvier 1877.

Sous toutes les constitutions, à l'exception de la Monarchie de 1814 et de 1830, les fonctions législatives ont été rétribuées (1) : et l'on peut dire que dans un état démocratique c'est là une règle qui s'impose. Il serait, en effet, contraire au principe de l'égalité, de rendre le mandat législatif inaccessible aux citoyens n'ayant pas une fortune suffisante pour vivre avec leurs seules ressources.

Ce serait, sous une forme indirecte, subordonner l'éligibilité à une condition de cens.

2° *Immunités parlementaires.* — Les prérogatives des membres des deux Chambres, connues sous le nom d'immunités parlementaires sont relatives :

1° Aux discours et aux votes ;

2° Aux poursuites devant les Tribunaux ;

---

(1) Le montant et le mode de paiement de l'indemnité a varié. Sous la révolution, elle était fixée à la somme représentée par 3.000 myriagrammes de froment. Sous le Consulat et l'Empire elle était de 10.000 francs pour les membres du Corps législatif, 10.000 francs pour les tribuns, 25.000 francs pour les sénateurs. Sous la République de 1848, elle était fixée à 25 francs par jour de séance. Sous le second empire, un sénatus-consulte du 25 décembre 1852 accorda aux sénateurs une rente viagère de 30.000 francs et aux députés 2.500 francs par mois de session. En Angleterre, les membres de la Chambre des communes ne reçoivent aucune indemnité.

3° A la cessation de détention ou de poursuites ;
4° A la déclaration de déchéance.

1° Immunités des discours et des votes. — Aucun membre de l'une ou de l'autre Chambre ne peut être poursuivi ou recherché à l'occasion des opinions ou des votes émis par lui dans l'exercice de ses fonctions (art. 13, L. C. du 16 juillet 1875).

La loi du 29 juillet 1881, sur la liberté de la presse, contient une disposition semblable dans son article 41.

Cette immunité est indispensable pour permettre aux membres des deux Chambres de remplir leur mandat, en toute indépendance, sans avoir à redouter aucune poursuite judiciaire. Elle peut se justifier, en outre, par le désir d'empêcher toute immixtion de la part de l'autorité judiciaire dans les débats parlementaires, sous prétexte d'atteindre des actes délictueux commis par un membre de la Chambre ou du Sénat.

Est-ce à dire pour cela que les députés et les sénateurs puissent impunément, dans leurs discours et leur attitude, en séance, dépasser les limites permises, par les lois qui régissent l'ensemble des citoyens et par les égards dûs à leurs collègues ? en aucune façon : le président est armé d'un pouvoir considérable par les règlements intérieurs des Chambres, pour assurer le respect des lois, et des convenances, et pour empêcher les écarts de langage qui pourraient compromettre la dignité du parlement.

Il peut prononcer certaines peines disciplinaires, telles que le rappel à l'ordre, et le rappel à l'ordre avec inscription au procès-verbal (1).

Il peut proposer à la Chambre de sévir par l'application de peines plus rigoureuses encore ; la censure simple, et la censure avec exclusion temporaire du lieu des séances.

---

(1) Le rappel à l'ordre avec inscription au procès-verbal entraîne de plein droit la privation pendant 15 jours de la moitié de l'indemnité parlementaire. C'est une peine qui n'existe qu'à la Chambre. La censure avec exclusion temporaire a pour conséquence l'exclusion immédiate de la Chambre et l'obligation de s'abstenir de paraître pendant trois séances suivantes. La censure simple et avec exclusion temporaire emportent de droit : la privation pendant un mois de la moitié de l'indemnité parlementaire ; l'impression et l'affichage, à 200 exemplaires, aux frais du membre condamné, de l'extrait du procès-verbal mentionnant la censure : l'affichage a lieu dans toutes les communes de la circonscription par laquelle il a été élu.

2° Immunités en ce qui concerne les poursuites, devant les Tribunaux. — Inviolabilité parlementaire. — *Principe.* **—** D'après l'article 14 de la L. C. du 16 juillet 1875, aucun membre de l'une ou de l'autre Chambre ne peut, pendant la durée de la session, être poursuivi ou arrêté en matière criminelle ou correctionnelle qu'avec l'autorisation de la Chambre dont il fait partie.

Fondement. — Cette immunité de la personne, dont jouissent les membres du parlement, peut être rapprochée des immunités qui sont accordées aux agents diplomatiques, par les usages internationaux. Elle se justifie par une idée analogue: Celle d'assurer l'indépendance des députés et sénateurs en les mettant à l'abri des poursuites ou des arrestations arbitraires que le gouvernement pourrait décréter contre eux, pour se débarrasser d'adversaires redoutables.

Elle s'explique également par cette considération qu'il ne convient pas de priver une circonscription de son représentant au Parlement.

Étendue. — L'immunité dont il s'agit n'existe qu'en matière criminelle et correctionnelle : elle ne s'applique, ni en matière civile, ni en matière de simple police. A ce point de vue, elle est plus restreinte que l'immunité diplomatique.

Elle n'existe, d'autre part, que pendant la durée des sessions parlementaires, et cesse dans l'intervalle entre deux sessions, parce que le fondement sur lequel elle s'appuie fait alors défaut.

Ce n'est pas seulement à partir de la vérification des pouvoirs, et une fois son élection validée, que le député ou le sénateur peut s'en prévaloir, mais dès le moment de la proclamation du résultat par la Commission de recensement.

Exception. — Par exception, les membres du Parlement ne sont pas couverts par l'immunité diplomatique, en cas de *flagrant délit.* Ils peuvent, en ce cas, être poursuivis sans qu'il y ait lieu de demander une autorisation à cet effet.

On a considéré que l'immunité diplomatique n'avait pas de raison d'être dans cette circonstance : le délit étant flagrant, il est certain que la poursuite dont le député ou le sénateur est l'objet n'est pas une manœuvre du Gouvernement pour écarter momentanément de la Chambre un adversaire.

De l'autorisation de poursuites. — Procédure. — Mission de la Chambre. — En dehors de ce cas, il est nécessaire, pour poursuivre un parlementaire d'obtenir l'autorisation de la Chambre dont il fait partie.

La demande en autorisation est formée par le Procureur général, et transmise au Président de la Chambre par l'intermédiaire du Garde des Sceaux. Elle peut même, en matière correctionnelle, être formée par un particulier après une citation directe devant le Tribunal.

Le Président donne communication de la demande à la Chambre. Une commission nommée dans les bureaux fait un rapport en séance, et la Chambre statue.

Elle n'a pas à rechercher si les faits articulés existent réellement, et quel est leur degré de gravité : elle n'a qu'à examiner si la poursuite est sincère, de bonne foi, ou si, au contraire, elle est inspirée par des considérations purement politiques.

3° **Cessation de détention ou de poursuites.** — Les poursuites commencées contre un député ou un sénateur, et la détention qui peut lui être infligée, à un moment où il n'est pas couvert par l'immunité parlementaire, ne cesse pas de plein droit par la réunion du parlement en session. Mais la L. C. du 16 juillet 1875 reconnaît aux Chambres le droit de requérir que la détention ou la poursuite sera suspendue pendant la session et pour toute sa durée (art. 54, p. 2).

4° **Déclaration de déchéance.** — D'après l'article 28 du D. O. du 2 février 1852 tout député, qui, pendant la durée de son mandat, est frappé d'une peine entraînant l'incapacité d'être élu, sera déchu de la qualité de membre du Corps législatif. Cet article est applicable au Sénat (art. 27, p. 1, loi du 1er août 1875).

Cette déchéance n'a pas lieu de plein droit. C'est à chaque Chambre qu'il appartient de la prononcer. Ce droit est comme un corollaire du droit de vérification des pouvoirs, dont nous avons parlé plus haut. Il permet au parlement d'exercer un contrôle utile sur les décisions judiciaires ; et de ne pas tenir compte d'une condamnation qui serait uniquement dictée par la passion politique.

XII. — **Interdiction du mandat impératif.** — On entend par mandat impératif l'injonction que les électeurs donnent au candidat qu'ils choisissent, et que celui-ci accepte, de suivre d'une façon rigoureuse une ligne de conduite qui lui est tracée à l'avance, en votant dans tel sens, ou en présentant telle résolution, ou tel projet de loi devant le parlement, sous peine de se voir retirer son mandat.

Dans la pratique, le député qui est élu de cette façon signe à l'avance sa démission qu'il remet à son comité électoral : Celui-ci remplit le blanc laissé sur la pièce pour la date, et l'adresse au président de la Chambre, lorsque le représentant a cessé de lui plaire.

L'usage du mandat impératif est formellement interdit par l'article 13 de la loi du 30 novembre 1875.

La sanction de cette disposition n'est pas la nullité de l'élection, mais la nullité du mandat. Elle trouve son application lorsque le comité électoral a adressé au président de la Chambre la démission signée en blanc par le député : le président devra ne tenir aucun compte de cette démission, si elle lui apparaît avoir été imposée au député et ne pas émaner de sa libre volonté.

Quel est le motif de cette interdiction ? — En droit civil le mandat se conçoit : il émane de la volonté d'une personne déterminée, qui est certaine et réfléchie. Il en est autrement en politique, où le représentant tient ses pouvoirs d'une masse d'individus dont il est difficile de dégager l'opinion sur toutes les questions de nature à se poser devant le parlement, et qui est dans l'impossibilité de tracer d'une façon précise à son représentant les lignes de la conduite qu'il aura à tenir.

Le mandat impératif était en usage sous l'ancien régime, pour les états généraux : cela se conçoit : le rôle de député consistait uniquement à présenter au roi un ensemble de vœux et de doléances, formulé dans les cahiers rédigés à la suite de débats dans des assemblées électorales, qui constituaient de véritables assemblées délibérantes. Il en est bien différemment aujourd'hui : le député a un rôle plus considérable, celui de faire des lois. Il faut lui assurer une liberté absolue de mouvements pour se décider sur chaque question, et émettre son vote suivant les débats.

Sans doute, le député doit rester fidèle au programme sur lequel son élection s'est faite, et qu'il a été chargé de soutenir devant le Parlement : mais c'est là un mandat général qui lui laisse toute latitude d'exercer librement son droit de vote, sur chaque question particulière. De plus, ce mandat n'a d'autre sanction que le droit pour les électeurs de ne plus accorder leurs suffrages, lors de l'élection suivante, à l'élu qui se sera écarté du programme général qu'il s'était engagé à suivre.

II. — Attributions des Chambres.

Division. — Ce paragraphe sera divisé en trois parties :
1° Attributions communes à la Chambre des députés et au Sénat ;
2° Attributions spéciales à la Chambre ;
3° Attributions spéciales au Sénat.

§ 1. — Attributions communes à la Chambre des députés et au Sénat.

Division. — Les attributions communes à la Chambre des députés et au Sénat sont :
a) De constituer par leur réunion une Assemblée nationale constituante ;
b) De voter les lois ;
c) D'exercer un pouvoir de contrôle à l'égard des Ministres.

a) *Constituer par leur réunion une Assemblée nationale constituante.*

Division. – Nous avons déjà eu l'occasion de parler de cette attribution des deux Chambres.

Leur réunion forme le *pouvoir constituant* de l'Etat. Nous n'avons que quelques mots à dire sur la composition, la mise en activité et les attributions de l'Assemblée nationale.

Composition de l'Assemblée nationale. — Composée de la fusion en une seule assemblée des deux Chambres législatives, l'Assemblée nationale a, à sa tête, comme bureau, le président, les vice-présidents et les secrétaires du Sénat.

Siège de l'Assemblée nationale. — L'Assemblée nationale a toujours son siège à Versailles.

C'est ce qui résulte formellement de l'article 3 *in fine* de la loi du 22 juillet 1879.

Mise en activité de l'Assemblée nationale. — L'Assemblée nationale est en principe mise en activité par un décret du Président de la République.

Cependant il est des cas, où elle peut se réunir de *plein droit* sur l'initiative du président du Sénat, notamment pour l'élection du Président de la République, ainsi que nous l'avons vu plus haut (1).

Attributions de l'Assemblée nationale. — Elle a deux attributions importantes :

1° Réviser les lois constitutionnelles ;

2° Elire le Président de la République.

Nous avons étudié cette dernière fonction (2) : quant à la révision des lois constitutionnelles, elle fera l'objet d'un chapitre spécial, un peu plus loin (3).

b) *Voter les lois.*

C'est l'attribution principale, qui est la raison même de l'existence des deux Chambres. On peut dire que la loi n'est que l'expression de la volonté concordante de la Chambre et du Sénat.

Et nous parlons des lois d'une façon générale et absolue, à l'exclusion seulement des lois constitutionnelles : lois de finances, lois d'ordre privé, d'intérêt général ou local, etc.

Nous nous bornons, pour le moment, à cette seule indication. Nous étudierons dans un chapitre spécial la procédure de confection des lois.

c) *Exercer un pouvoir de contrôle à l'égard des Ministres.*

Nous savons que l'essence du gouvernement parlementaire réside dans la responsabilité dont les Ministres sont tenus à l'égard des Chambres. Il en résulte un contrôle incessant exercé par les deux Chambres sur les actes de chacun d'eux.

Ce contrôle se manifeste :

1° Par les questions et les interpellations ;

2° Par les comptes que les Ministres sont appelés à rendre aux Chambres, en matière de finances, sur l'emploi des crédits votés ; en matière diplomatique, sur les relations avec les autres puissances, etc., (publication du *livre jaune*) ;

3° Par les enquêtes parlementaires ordonnées pour rechercher les abus commis par l'administration.

Ces divers points ayant été étudiés à leur place naturelle, nous n'avons pas à y revenir.

(1) Voir *suprà*, page 41.
(2) Voir *suprà*, page 39.
(3) Voir *infrà*, page 120.

§ 2. — Attributions spéciales à la Chambre des députés.

La Chambre des députés a deux attributions qui lui sont spéciales :

1° Elle seule a qualité pour mettre en accusation le Président de la République, dans le cas où il est responsable, et les Ministres, pour les crimes commis dans l'exercice de leurs fonctions, lorsque ceux-ci doivent être jugés par le Sénat ;

2° En matière de lois de finances, elle jouit d'une prérogative considérable, dont nous aurons plus tard à bien déterminer l'étendue : elle doit être saisie avant le Sénat, de tout projet de loi touchant aux finances de l'État. Faut-il aller plus loin et lui reconnaître en cette matière, une prépondérance complète sur le Sénat, c'est ce que nous étudierons dans le chapitre suivant (1).

§ 3. — Attributions spéciales au Sénat.

Enumération. — Les attributions spéciales au Sénat sont les suivantes :

1° Il est chargé de donner son avis au Président de la République sur la dissolution de la Chambre des députés.

Son *avis conforme* est indispensable à cet effet (art. 5, p. 1, L. C. 25 février 1875).

2° Lorsque la Chambre des députés étant dissoute, la Présidence de la République devient vacante, le Sénat se réunit de plein droit.

Il ne peut pas faire d'acte législatif : mais il exerce son contrôle sur le pouvoir exécutif qui réside alors dans le Conseil des Ministres (art. 3 *in fine*, L. C. 16 juillet 1875).

3° Le Sénat peut être érigé en Haute Cour de justice.

DU SÉNAT CONSIDÉRÉ COMME HAUTE COUR DE JUSTICE.

Raison d'être d'une Haute Cour de justice. — Dans la plupart des États, il existe une juridiction exceptionnelle pour juger les crimes commis par le pouvoir exécutif et les crimes attentatoires à la sûreté de l'État.

Tantôt, comme en France et en Angleterre, cette magistrature suprême appartient à la Chambre Haute.

(1) Voir *infrà*, page 119.

Tantôt, comme en Suisse, en Allemagne, en Belgique, etc., les attributions de Haute Cour sont confiées au tribunal judiciaire supérieur.

Tantôt, cette fonction est dévolue à un tribunal spécial comprenant à côté des magistrats pris dans les hautes sphères judiciaires, des jurés choisis parmi les notables du pays. C'est le système qui avait été adopté par les constitutions de la période révolutionnaire.

L'existence d'une Haute Cour de justice dans un État peut se justifier à deux points de vue :

D'une part, elle répond au besoin de défense spéciale que fait éprouver à tout le corps social la découverte d'un crime commis par un membre du gouvernement ou d'un crime menaçant la sécurité de l'État ;

D'autre part, elle assure à ces crimes une répression à la fois plus certaine et plus équitable que la justice ordinaire. Il est en effet, à craindre, dans les pays où le pouvoir judiciaire dépend étroitement du pouvoir exécutif, que les juges ne se laissent dominer par les circonstances : qu'ils ne se montrent indulgents à l'excès à son égard, tant qu'il serait fort ; et, le jour où le gouvernement tomberait sous le coup d'une révolution, qu'ils ne se fassent les exécuteurs impitoyables de la passion populaire, pour ne pas être entraînés avec lui dans sa chute (1).

Etendue de la compétence de la Haute Cour. — La Haute Cour est compétente :

1° Pour juger le Président de la République, soit pour le *crime de haute trahison*, seul acte politique dont il soit responsable, soit pour les *infractions de droit commun* qu'il pourrait commettre, en tant que simple particulier (art. 6, L. C. du 25 février 1875, art. 12, p. 1, L. C. du 16 juillet 1875) ;

2° Pour juger les Ministres, en raison des crimes commis dans l'exercice de leurs fonctions (art. 12, p. 2) ;

3° Pour juger *toute personne* prévenue d'attentat commis contre la sûreté de l'État (art. 12, p. 3).

Entre ces trois cas, il y a des différences notables qu'il importe de bien saisir :

1° A l'égard du Président de la République, la Haute Cour a une compétence exclusive : la Constitution est très formelle sur ce point :

(1) Sur tous ces points M. Esmein à son cours.

« Le Président de la République *ne peut* être mis en accusation que par la Chambre des députés, et *ne peut* être jugé que par le Sénat ».

Et comme les termes de la loi sont absolus, il faut admettre cette compétence exclusive pour tous les cas où le Président de la République peut être poursuivi : pour les infractions de droit commun, aussi bien que pour le crime de Haute trahison.

Pour les Ministres, au contraire, à raison des crimes commis *dans l'exercice de leurs fonctions* et pour toute personne, à raison d'attentat contre la sûreté de l'État, la juridiction de droit commun est compétente concurremment avec la Haute Cour (1).

2° A l'égard du Président de la République et des Ministres, la Haute Cour de justice est saisie de l'affaire par une mise en accusation émanant de la Chambre des députés.

Au contraire, à l'égard de toute personne prévenue d'attentat commis contre la sûreté de l'État, le Sénat est constitué en Haute Cour de justice par un décret du Président de la République rendu en Conseil des Ministres.

Si l'instruction est commencée par la justice ordinaire, le décret de convocation du Sénat peut être rendu jusqu'à l'arrêt de renvoi.

De la procédure à suivre devant la Haute Cour de justice. — Loi du 10 avril 1889. — La L. C. du 16 juillet 1875, en son article 12 *in fine*, laissait à une *loi ordinaire* le soin de déterminer le mode de procéder pour l'accusation, l'instruction et le jugement devant la Haute Cour. Il a fallu des circonstances pressantes pour que la loi promise fût votée : elle porte la date du 10 avril 1889 (2).

Cette loi n'est même pas complète : elle ne vise en effet qu'un seul cas, le cas d'une personne inculpée d'attentat contre la sûreté de l'État : elle ne s'applique pas aux deux autres hypothèses, pour lesquelles la loi annoncée en 1875 reste encore à faire.

(1) C'est bien ce qui résulte des termes des paragraphes 2 et 3 article 12 de la L. C. du 16 juillet 1875 : « Les Ministres *peuvent* être mis en accusation par la Chambre des députés pour crimes commis dans l'exercice de leurs fonctions. En ce cas, ils sont jugés par le Sénat. — Le Sénat *peut* être constitué en Haute Cour de justice par un décret du Président de la République, rendu en conseil des Ministres, pour juger toute personne prévenue d'attentat commis contre la sûreté de l'État » V. suprà p. 57.

(2) Cette loi est intitulée : *Loi sur la procédure à suivre devant le Sénat pour juger toute personne inculpée d'attentat contre la sûreté de l'État.*

Nous allons rapidement étudier, en suivant la loi elle-même :
1° L'organisation de la Haute Cour ; 2° l'instruction ; 3° la mise en accusation ; 4° le jugement.

1° *Organisation de la Haute Cour.* — Comme toute juridiction, la Haute Cour se compose :

1° De la Cour elle-même, chargée de juger ;

2° Du Ministère public, chargé de requérir ;

3° Des Greffiers, chargés de tenir minute de toutes les pièces de la procédure.

En dehors, mais à côté de la Cour, fonctionnent, comme auxiliaires indispensables, des huissiers.

La *Cour* est composée des sénateurs élus antérieurement au décret de convocation.

Ils sont tenus de siéger, à moins qu'ils n'aient à faire valoir une excuse, que le Sénat apprécie en Chambre du Conseil (art. 2).

Le *Ministère public* est représenté par des membres des Cours d'appel ou de la Cour de cassation nommés par le Président de la République, qui en désigne :

1° Un, pour remplir les fonctions de procureur général ;

2° Un ou plusieurs pour l'assister comme avocats généraux (art. 3).

Les *fonctions de greffier* sont remplies par le Secrétaire général de la Présidence du Sénat.

Il peut être assisté de commis-greffiers assermentés, nommés par le Président du Sénat.

Les huissiers des Cours et Tribunaux signifient les actes de procédure : les huissiers du Sénat remplissent, pour le service d'ordre intérieur, les fonctions d'huissiers audienciers.

2° *De l'Instruction.* — Le Sénat entend en audience publique la lecture du décret qui le constitue en Cour de justice et le réquisitoire du procureur général.

Il ordonne qu'il sera procédé à l'instruction (art. 6).

L'instruction est confiée à une *commission de neuf membres* (et de 5 suppléants) nommée chaque année par le Sénat dans son sein, au début de la session ordinaire : elle désigne elle-même son président (art. 7).

Le *président* procède à l'instruction, assisté et suppléé au besoin, par les membres de la commission désignés par elle.

Il est investi, en principe, des pouvoirs attribués par la loi au juge d'instruction. Mais, *à la différence de ce magistrat :*

1° il peut décerner un mandat d'arrêt sans qu'il soit besoin des conclusions du ministère public ; 2° il ne rend pas d'ordonnance.

C'est la commission elle-même qui statue sans recours, après communication au procureur général, sur les demandes de mises en liberté provisoire (art. 8).

L'instruction terminée, le président de la commission remet le dossier au procureur général et invite chaque inculpé à faire choix d'un défenseur : s'il ne le fait pas, il lui en désigne un d'office.

Après que le procureur général a rendu le dossier avec ses réquisitions écrites, communication en est faite aux défenseurs, par la voie du greffe, où il reste déposé au moins pendant trois jours (art. 9).

3° *De la mise en accusation.* — Le délai de trois jours expiré, la commission se réunit, sur la convocation de son président, sous le nom de *chambre d'accusation*, et entend en présence du procureur général, la lecture :

1° Du rapport sur l'instruction présenté par son président ou l'un de ses assesseurs, dont il a été parlé plus haut ;

2° Des réquisitions écrites du procureur général ;

3° Des mémoires des inculpés.

Le procureur général se retire avec le greffier (art. 10).

La chambre d'accusation statue, par un arrêt rendu en Chambre du Conseil, sur la mise en accusation d'une façon spéciale pour chaque inculpé sur chaque chef d'accusation.

Si elle rend un arrêt de non-lieu, la procédure sera terminée.

Si elle rend un arrêt de mise en accusation, cet arrêt contient une ordonnance de prise de corps (art. 11).

Le procureur général, rédige alors l'acte d'accusation, qui est notifié aux accusés en même temps que l'arrêt, trois jours au moins avant le jour de l'audience, avec citation à comparaître devant la Haute-Cour au jour fixé par le président du Sénat (art. 13, 14).

4° *Du jugement.* — Les débats sont publics. Il sont présidés par le président du Sénat, ou, à son défaut, par l'un des vice-présidents désigné par le Sénat (art. 15).

Le Sénat peut examiner et juger toutes les exceptions, y compris celle d'incompétence, qui pourra être relevée d'office (art. 17).

Après l'audition des témoins le réquisitoire du ministère pu-

7

blic, les plaidoiries des défenseurs et les observations des accusés, le président déclare les débats clos et la Cour se retire pour délibérer (art. 18).

La Cour statue d'abord sur la *question de culpabilité*. Le vote a lieu à haute voix par appel nominal, d'après l'ordre alphabétique dont la première lettre est désignée par le sort (art. 20).

Si l'accusé est reconnu coupable, la Cour prononce un premier arrêt sur ce point, en séance publique. L'accusé peut présenter des observations sur l'application de la peine.

La Cour rentre, de nouveau, dans la Chambre du Conseil pour délibérer sur la peine.

Si, après deux tours de vote, aucune peine n'a réuni la majorité des voix, il est procédé à un 3e tour, dans lequel la peine la plus forte, proposée au tour précédent, est écartée de la délibération. Si, à ce troisième tour, aucune peine n'a encore réuni la majorité absolue des voix, il est procédé à un 4e tour, et ainsi de suite, en continuant à écarter la peine la plus forte, jusqu'à ce qu'une peine soit prononcée par la majorité absolue des votants (art. 22).

La Cour rentre en séance et prononce en audience publique l'arrêt définitif (art. 24).

Conditions de régularité des arrêts. — Recours, etc. — 1° Les arrêts de la Haute Cour ne peuvent être rendus qu'avec le concours de la moitié plus un au moins de la totalité des membres qui ont droit d'y prendre part ;

2° Ne peuvent concourir au jugement que les sénateurs qui ont été présents à toutes les audiences, suivant l'état de l'appel nominal fait au commencement de chacune d'elles ;

La défense peut récuser les membres de la commission d'instruction (art. 16).

Doivent s'abstenir : les sénateurs parents d'un accusé jusqu'au degré de cousin issu de germain inclusivement, ou ceux qui ont été entendus comme témoins dans l'instruction (art. 28).

En dehors de ces deux motifs d'abstention, les sénateurs peuvent en présenter d'autres qui sont examinés par la Cour en Chambre du Conseil (art. 29).

Les sénateurs membres du gouvernement ne prennent part ni à la délibération, ni au vote sur la culpabilité (art. 30).

3° Les arrêts de la Cour sont motivés : ils sont rédigés par le président, adoptés par la Cour en Chambre du Conseil et prononcés en audience publique : ils font mention des sénateurs

qui y ont concouru et sont signés par le président et le greffier
(art. 25) ;

4° Ils ne sont susceptibles d'aucun recours, pas même du
recours en cassation.

A ce point de vue, la Haute Cour est une juridiction souveraine : davantage que le Jury, dont les décisions peuvent être
anéanties par la Cour de cassation.

APPENDICE. — RÉSUMÉ SYNTHÉTIQUE. — DIFFÉRENCES ENTRE LA
CHAMBRE DES DÉPUTÉS ET LE SÉNAT.

§ 1ᵉʳ. — Organisation.

1° *Nombre des membres.* — Le nombre des membres du Sénat est fixé d'une façon invariable à 300 ; celui de la Chambre
dépend du mouvement de la population, et augmente avec
elle : puisque chaque arrondissement de plus de 100.000 habitants a 1 député supplémentaire pour 100.000 habitants ou
fractions de 100.000. Il est actuellement de 581 ;

2° *Mode de suffrage.* — C'est le suffrage universel direct
pour les députés ; le suffrage restreint au 2ᵉ et même au 3ᵉ degré pour le Sénat ;

3° *Mode de scrutin.* — C'est le scrutin uninominal par arrondissement pour les députés ; le scrutin de liste pour les sénateurs ;

4° *Circonscription électorale.* — C'est l'arrondissement, ou
une fraction de l'arrondissement pour les députés ; le département pour les sénateurs ;

5° *Durée du mandat.* — Le mandat est de quatre ans pour
les députés ; et à ce moment il y a renouvellement intégral de
la Chambre. Le mandat de sénateur dure 9 ans, avec renouvellement par 1/3 tous les trois ans ;

6° *Age.* — Pour être élu député, il suffit d'avoir 25 ans ;
pour être élu sénateur, il faut avoir 40 ans ;

7° *Candidatures multiples.* — Les candidatures multiples
sont interdites, dans les élections à la Chambre ; permises dans
les élections au Sénat ;

8° *Organisation du scrutin.* — Pour les élections à la Chambre, le scrutin dure 1 jour ; et si la majorité absolue n'est pas
atteinte, le scrutin de ballottage a lieu à une époque ultérieure.

Pour les élections au Sénat, il y a 3 scrutins successifs le même jour : le dernier à la majorité relative ;

9° *Acceptation de fonctions publiques compatibles.* — Le député nommé à une fonction publique compatible avec son mandat est obligé de donner sa démission et de se représenter devant ses électeurs. Le sénateur n'a pas à démissionner.

10° *Dissolution.* — La Chambre peut être dissoute, non le Sénat ;

11° *Bureaux.* — La Chambre est divisée en 11 bureaux ; le Sénat en comprend 9 ;

12° *Commission du budget.* — Comprend 33 membres à la Chambre, 18 au Sénat ;

13° *Réunion isolée.* — Le Sénat peut se trouver seul réuni, dans deux circonstances exceptionnelles ; la Chambre jamais ;

14° *Assemblée nationale.* — Le bureau de l'Assemblée nationale comprend le bureau du Sénat ;

15° *Caducité des projets et propositions de loi.* — Les propositions et les projets de loi présentés en premier lieu à la Chambre, sont caducs lorsqu'ils n'ont pas été votés par elle avant la fin de la législature et transmis au Sénat en temps utile pour qu'un rapport en séance publique ait été fait. Il n'en est pas de même pour le Sénat.

§ 2. — Attributions.

1° *Mise en accusation.* — La Chambre a le droit de mettre en accusation devant le Sénat : le Président de la République lorsqu'il est responsable, et les Ministres pour crimes commis dans l'exercice de leurs fonctions ;

2° *En matière financière.* — La Chambre a un droit de priorité consistant à discuter et à voter en premier lieu les lois de finances ;

3° *Avis sur la dissolution.* — C'est sur l'avis conforme du Sénat que la Chambre peut être dissoute ;

4° *Vacance de la Présidence, la Chambre étant dissoute.* — Le Sénat se réunit de plein droit, et exerce un pouvoir de contrôle sur le pouvoir exécutif ;

5° *Haute Cour de justice.* — Le Sénat exerce les fonctions de Haute Cour de justice.

III. — Procédure de la confection des lois.

Division. — La procédure de la confection des lois doit être étudiée :
1º Pour les lois ordinaires ;
2º Pour les lois de finances ;
3º Pour les lois constitutionnelles.

§ 1. — Confection des lois ordinaires.

Diverses phases. — La confection des lois ordinaires passe par les différentes phases suivantes :
1º Initiative de la loi, ou dépôt sur le bureau d'une Chambre d'un projet ou d'une proposition de loi ;
2º Discussion et vote de la loi, dans cette Chambre ;
3º Transmission du projet ou de la proposition à l'autre Chambre ;
4º Discussion et vote par cette Chambre.

1º *Initiative de la loi.* — L'initiative des lois appartient au Président de la République, concurremment avec les membres des deux Chambres (L. C. du 25 février 1875, art. 3).

Lorsque c'est le pouvoir exécutif qui prend l'initiative d'une loi, on dit qu'il y a *projet de loi* ; lorsque c'est un membre de l'une des Chambres, c'est une *proposition de loi*. Nous verrons qu'entre les projets et les propositions de loi, il n'y a pas seulement une différence de nom, mais des différences profondes de règles que nous ferons connaître au fur et à mesure.

Les projets sont signés par le Président de la République et présentés en son nom par un Ministre.

Les projets et les propositions de loi sont précédés d'un exposé des motifs indiquant la raison d'être de la loi.

Une Chambre est saisie d'un projet ou d'une proposition de loi par le dépôt qui en est fait sur le bureau.

Le gouvernement est libre de saisir en premier lieu de ses projets de loi l'une ou l'autre Chambre (1) ; au contraire, une proposition de loi ne peut être déposée que sur le bureau de la Chambre à laquelle appartient son auteur.

---

(1) Sans réserve de ce que nous dirons plus loin pour les lois de finances.

2º *Discussion de la loi devant la première Chambre saisie.* —
C'est ici qu'une différence importante apparaît entre les propositions de loi et les projets.

**Proposition de loi. — Renvoi à la Commission d'initiative
parlementaire. — Prise en considération.** — Les propositions
de loi sont soumises à une procédure préparatoire dite de *prise
en considération*. Une fois déposées, elles sont renvoyées à une
Commission permanente, dont les membres se renouvellent tous
les mois, et qui est connue sous le nom de *Commission d'initiative parlementaire* (1).

Cette Commission n'examine pas la proposition en elle-même ;
elle recherche seulement si elle est utile ou opportune : Elle
fait un rapport à la Chambre qui peut : ou bien la prendre en
considération ; ou bien la rejeter ; ou bien voter la question
préalable.

Dans les deux derniers cas, tout est terminé.

**Renvoi à une Commission spéciale des propositions prises
en considération.** — Dans le cas, au contraire, où la Chambre
a déclaré prendre en considération la proposition qui lui est
soumise, cette proposition est renvoyée aux bureaux qui l'examinent, et nomment une Commission spéciale chargée de l'étudier et de faire connaître à la Chambre par la voix de son rapporteur les résultats de ses travaux.

Projets de loi. — Les projets de loi ne sont pas renvoyés à
la Commission d'initiative parlementaire ni soumis à cette procédure préalable de la prise en considération.

Ils sont examinés directement par la Commission qui doit en
faire le rapport à la Chambre.

Discussion des projets et des propositions de loi en séance. —
Les projets et les propositions de loi sont l'objet de deux délibérations devant la Chambre, sauf le cas où l'urgence est déclarée.

Lors de la première délibération ou *lecture*, une discussion
générale s'engage d'abord sur l'ensemble de la loi : et l'on vote
sur le passage à la discussion des articles : si la Chambre l'adopte, on discute et on vote successivement sur chaque article.
Enfin, la Chambre décide si elle passera à la seconde délibération : elle ne peut avoir lieu que 5 jours au plus tôt, après la
première.

---

(1) Voir *supra* les notions que nous avons données sur cette Commission
page 97.

A la seconde lecture, on discute et on vote sur chaque article séparément, puis sur l'ensemble du projet ou de la proposition.

Il faut noter que, soit pendant la première, soit pendant la deuxième délibération, tout membre de la Chambre a le droit de présenter des *amendements* : ils doivent être rédigés par écrit et remis au Président de la Chambre ; celui-ci les fait parvenir à la Commission, qui les examine et les adopte ou les rejette.

3° *Transmission du projet ou de la proposition de loi à l'autre Chambre.* — Lorsque le projet ou la proposition de loi a été voté par une Chambre, il faut transmettre le texte qui a été adopté par elle à l'autre Chambre pour être soumis à son vote.

Nous avons à signaler une différence nouvelle entre les projets et les propositions de loi, au sujet de la façon dont s'opère cette transmission.

Lorsqu'il s'agit d'un *projet de loi*, la transmission est opérée par le Ministre compétent auquel le Président de la Chambre remet à cet effet une expédition du projet voté (1).

Au contraire, pour les propositions de loi, la transmission s'opère par les soins du président de la 1er Chambre au président de la seconde.

4° *Discussion et vote par la 2e Chambre.* — La procédure a lieu devant la 2e Chambre comme devant la 1re, avec cette seule différence, en ce qui concerne les propositions de loi, qu'elles n'ont pas à subir de nouveau l'épreuve de la prise en considération. Projets et propositions de loi sont discutés dans les bureaux qui nomment une Commission chargée de faire son rapport devant la Chambre. Il y a lieu à deux délibérations successives, comme devant la 1re Chambre, à moins qu'elle ne déclare l'urgence.

Éventualités possibles. — Il peut arriver des trois choses suivantes l'une :

1° Ou bien la seconde Chambre rejette purement et simplement le projet ou la proposition ;

Alors, il ne peut être repris, avant le délai de trois mois, que sur l'initiative du gouvernement ;

2° Ou bien, la seconde Chambre adopte le projet ou la proposition de loi, mais en y apportant des modifications.

Il faut alors que la 1re Chambre soit saisie de nouveau de

(1) Cependant, si le Ministre tardait plus d'un mois — plus de 3 jours, en cas de déclaration d'urgence — à faire cette transmission, le président de la Chambre la ferait lui-même.

l'affaire : si elle modifie à son tour le texte qui lui est transmis, il faudra le soumettre à l'autre Chambre et ainsi de suite jusqu'à ce qu'un texte uniforme ait été adopté par les deux Chambres.

Nous avons vu (1) que pour amener l'entente entre les deux Chambres, elle peuvent recourir à des conférences organisées par des Commissions choisies par leurs bureaux.

3° Ou bien, la seconde Chambre adopte le projet ou la proposition de loi voté par la 1re Chambre, sans y rien changer. La loi est alors parfaite. Il appartient au pouvoir exécutif de la promulguer et d'en assurer l'exécution, ainsi que nous le dirons plus loin.

Intervention possible du Conseil d'État dans la confection des lois. — Le Conseil d'Etat peut être appelé à collaborer à la confection des lois.

Il donne son avis :

1° Sur les propositions de loi que les Chambres jugent à propos de lui renvoyer ;

2° Sur les projets de loi qu'un décret spécial ordonne de lui soumettre.

Dans ce dernier cas, un conseiller d'Etat peut être chargé par le gouvernement de soutenir le projet devant les Chambres, en qualité de commissaire du gouvernement.

De la caducité des projets et des propositions de loi. — La règle particulière d'organisation de la Chambre des députés qui fait que tous les quatre ans elle se renouvelle d'une façon intégrale, produit une conséquence importante sur le sort des projets et les propositions déposés sur son bureau.

Sont caducs :

1° Les projets et les propositions de loi qui n'ont pas été votés par la Chambre avant l'époque de son renouvellement intégral.

2° Les propositions de loi votées par la Chambre avant la fin de la législature, si elles n'ont pas été transmises au Sénat, et, dans cette seconde assemblée, n'ont pas fait l'objet d'un rapport avant cette époque.

Pour les projets de loi, qui ont, en quelque sorte une origine indépendante de la Chambre, il suffit qu'ils aient été votés par la Chambre des députés, avant son renouvellement, pour qu'ils échappent à la caducité.

_____

(1) Voir *supra*, p. 97.

La règle de la caducité n'existe pas pour les projets ou les propositions de loi déposés au Sénat, puisque cette assemblée ne se renouvelle jamais d'une façon intégrale.

Cette règle est spéciale à la Chambre des députés : elle constitue une sérieuse entrave à ses travaux législatifs, et fait que, pour qu'une proposition de loi aboutisse, il faut en général qu'elle soit déposée au début de la législature, et que l'étude en soit menée d'une façon assez rapide par la commission et par la Chambre elle-même, en séance.

Pour remédier à cet inconvénient, on a proposé de remanier l'organisation de la Chambre des députés, en substituant au système actuel du renouvellement intégral, un système de renouvellement partiel, analogue à celui qui existe pour le Sénat. Des propositions de loi, dues à l'initiative de M. Rivet, en 1885, de M. Emmanuel Arène, en 1891, n'ont pas abouti, frappées elles-mêmes de la caducité (1).

Promulgation et publication, date exacte des lois. — Dès qu'un projet ou une proposition de loi a été voté par les deux Chambres, la loi est parfaite : le pouvoir exécutif n'a pas, sous la Constitution de 1875, comme sous les Constitutions monarchiques qui l'avaient précédée, le droit de *sanction*, c'est-à-dire la faculté de refuser la mise en vigueur d'une loi votée par le parlement.

Le Président de la République est obligé de *promulguer* la loi, dans le *mois* qui suit le dernier vote, ou dans les *trois jours*,

---

(1) *Différences entre les projets et les propositions de loi* : — Pour résumer ce qui a été dit ci-dessus, il paraît utile de faire connaître les différences qui séparent les projets des propositions de loi : 1º Les projets de loi (sauf, ce qui concerne les lois de finances) peuvent être déposés, au choix du gouvernement sur le bureau de l'une ou de l'autre Chambre : la proposition de loi ne peut être déposée que sur le bureau de la Chambre à laquelle appartient son auteur ; 2º les propositions de lois sont soumises à une commission dite *d'initiative parlementaire*, et il y a trois délibérations successives devant la Chambre saisie en premier lieu de la proposition : une 1re délibération sur la prise en considération, et les deux autres sur le vote même de la loi ; 3º Lorsqu'un projet de loi a été voté par une Chambre, c'est le gouvernement qui le transmet à l'autre Chambre pour être discuté et voté ; une proposition de loi, au contraire, est transmise par le Président de la Chambre qui l'a votée au Président de l'autre Chambre ; 4º Une proposition de loi émanée d'un député et votée par la Chambre devient caduque et ne passe pas en délibération au Sénat, si elle n'a pas été examinée par une commission sénatoriale ayant déposé son rapport à ce sujet. Au contraire, le projet de loi échappe à la caducité sous la seule condition qu'il ait été voté par la Chambre.

7.

quand il y a eu déclaration spéciale d'urgence, dans l'une et l'autre Chambre, au sujet de la promulgation (L. C., 16 juillet 1875, art. 16).

Tout ce que le Président de la République peut faire c'est demander aux deux Chambres, dans le délai fixé pour la promulgation, une nouvelle délibération qui ne peut être refusée (art. 16, p. 2).

La promulgation des lois est l'acte par lequel le Président de la République atteste au pays qu'une loi a été votée par les deux Chambres.

La publication est le mode employé pour porter à la connaissance des citoyens le vote et la promulgation de la loi.

D'après le décret du 5-11 novembre 1870, le décret de promulgation, contenant le texte de la loi, est inséré au *Bulletin des lois* ou au *Journal officiel.*

Lorsque la loi est insérée au *Journal officiel,* elle est censée connue, et elle est obligatoire à Paris, un jour franc après l'insertion : et partout ailleurs, dans l'étendue de chaque arrondissement, un jour franc après que le *Journal officiel* qui la contient sera parvenu au chef-lieu de cet arrondissement. C'est de l'expiration de ce délai que la loi fait résulter la publication de la loi.

On désigne en pratique les lois par la date de leur promulgation. M. Ducrocq (1) fait remarquer que cette pratique est défectueuse : la date exacte de la loi est celle du dernier vote par la Chambre saisie en dernier lieu : car c'est à ce moment que la loi est parfaite. La promulgation et la publication n'y ajoutent rien.

Cette opinion est combattue par M. Batbie (2) qui fait observer que la promulgation de la loi ajoute quelque chose d'essentiel à la confection de la loi : elle exprime la renonciation du Président de la République au droit de réclamer des Chambres une nouvelle délibération, et par là elle rend leur vote définitif. C'est pourquoi la date de la promulgation doit être indiquée comme la date véritable de la loi.

(1) Ducrocq, *Cours de droit administratif,* I, n° 20.
(2) Batbie, *Précis de droit administratif,* p. 41, note 2.

§ 2. — Confection des lois de finances.

Définition des lois de finances. — Le terme *lois de finances* est employé dans un sens large et dans un sens étroit.

Dans un sens large, une loi de finances est toute loi qui est relative à une recette (emprunt ou impôt) ou à une dépense de l'État (vote de crédits).

Dans un sens étroit, elle s'entend du budget de l'État.

Le budget est l'acte par lequel sont prévues et autorisées les recettes et les dépenses *annuelles* de l'État ou des autres services que la loi assimile aux mêmes règles.

Règle commune à toutes les lois de finances. — *Prérogative de la Chambre des députés*. — En matière de lois de finances, la Chambre des députés jouit d'une prérogative importante.

D'après l'article 8 de la L. C. du 24 février 1875, les lois de finances doivent être en premier lieu, présentées à la Chambre des députés, et votées par elle.

Étendue exacte de cette prérogative. — Il faut déterminer avec soin l'étendue de cette prérogative.

On peut se demander si elle consiste uniquement dans un droit de priorité, quant à l'examen et au vote, ou si elle établit entre les deux Chambres une inégalité de pouvoirs, au profit de la Chambre des députés.

On n'a jamais contesté au Sénat le droit de rejeter en bloc, comme inconstitutionnelle, la loi adoptée par la Chambre, ni celui de supprimer ou de réduire les crédits votés par elle.

Mais, peut-il rétablir les crédits que la Chambre a refusé de voter, ou augmenter le chiffre de ceux qu'elle a adoptés ?

C'est sur ce point que plus d'une fois des discussions vives ont été agitées au sein du parlement et des conflits fréquents ont divisé les deux Chambres.

Pour soutenir la supériorité de la Chambre des députés, on a d'abord invoqué l'exemple de l'Angleterre, dont la Constitution assure à la Chambre des communes, issue du suffrage populaire, un droit absolu en matière financière, la Chambre des lords n'ayant en somme qu'à enregistrer les décisions prises par elle.

Mais cette comparaison n'est pas décisive : la Chambre des lords a un caractère aristocratique que n'a pas notre Sénat, dont les membres sont élus comme les députés, au suffrage universel, du moins, d'une façon indirecte.

On a dit encore qu'en votant des crédits rejetés par la Chambre ou en augmentant ceux qu'elle a adoptés, le Sénat fait véritablement œuvre d'initiative, ce qui lui est interdit.

Cette thèse trouva un défenseur éloquent à la Chambre des députés, le 28 décembre 1876, dans la personne de Gambetta, alors président de la Commission du budget.

Mais elle n'a pu jusqu'ici triompher dans la pratique parlementaire ; et une proposition de révision, déposée dans ce sens, le 14 janvier 1882, n'a pas abouti.

Règles spéciales au vote du budget. — Le budget est soumis aux trois règles suivantes (1) :

1º L'annualité ;
2º La spécialité ;
3º Le contrôle des Chambres.

Annualité du budget. — L'annualité consiste en ce que le budget doit être voté, chaque année, par les Chambres.

Spécialité du budget. — La spécialité du budget consiste en ce que le budget des dépenses est voté par chapitres, de sorte qu'un crédit affecté à telle dépense dans un chapitre, ne peut être employé par le gouvernement à une dépense comprise dans un autre chapitre.

Contrôle du budget. — Le contrôle de l'exécution du budget appartient aux Chambres qui sont aidées, dans ce travail, par la Cour des comptes.

Chaque année le Ministre des finances doit présenter aux Chambres un projet de loi *portant règlement définitif du budget du dernier exercice clos* ; c'est ce qu'on appelle la *loi des Comptes.*

§ 3. — Révision des lois constitutionnelles.

Caractère de la Constitution de 1875. — Nous avons déjà constaté que la Constitution de 1875 devait être rangée dans la catégorie des *Constitutions rigides,* c'est-à-dire que la révision de ses dispositions était subordonnée à l'observation d'une procédure exceptionnelle. Le moment est venu de faire connaître en quoi consistent ces formalités: d'abord l'initiative ; ensuite la

---

(1) Voir pour les détails de cette matière, **notre Manuel de Droit administratif,** pages 247 et suivantes.

déclaration concordante des deux Chambres ; puis la discussion et le vote par l'assemblée nationale.

I. Initiative de la révision. — L'initiative de la révision des lois constitutionnelles appartient au Président de la République et aux membres des deux Chambres, comme pour les lois ordinaires (art. 8, p. 1. L. C. du 25 février 1875).

Il n'en a pas toujours été ainsi : pendant la durée des pouvoirs confiés au Maréchal de Mac-Mahon, par la loi du 20 novembre 1873, la constitution lui réservait le pouvoir exclusif de provoquer la révision (Art. 8 *in fine*).

II. Déclaration concordante des deux Chambres. — Le dépôt du projet ou de la proposition de révision effectué sur le bureau de l'une des deux Chambres, cette Chambre procédera à son examen suivant les règles que nous avons fait connaître pour les lois ordinaires : il y aura donc pour prendre l'exemple d'une *proposition de révision*, renvoi à la commission d'initiative parlementaire, vote sur la prise en considération, renvoi à une commission spéciale, et double lecture en séance publique. La proposition sera ensuite renvoyée à l'autre Chambre : et ce n'est que si les deux Chambres sont d'accord pour déclarer « qu'il y a lieu de réviser les lois constitutionnelles » qu'il sera procédé à cette révision.

La plupart du temps, elles ne se borneront pas à cette simple déclaration de principe ; elles préciseront les points sur lesquels devra porter la révision. Nous verrons un peu plus loin quelle peut être la conséquence de cette limitation.

III. Réunion de l'Assemblée nationale pour statuer sur la révision. — Après que la résolution sur le principe de la révision aura été prise, les deux Chambres se réunissent en *Assemblée nationale*, pour effectuer la révision elle-même.

Les délibérations sur la révision en doivent être prises à la majorité absolue, c'est-à-dire la moitié plus un, des membres *composant l'Assemblée nationale*, et non pas des membres présents, ni des membres actuellement vivants et dans l'exercice de leur fonction.

Disposition des lois constitutionnelles qui ne peut faire l'objet d'une proposition de révision. — D'après la L. C. du 14 août 1884, article 2, la forme républicaine du gouvernement ne peut faire l'objet d'une proposition de révision.

Il en résulte cette conséquence : que si un député, par impossible, déposait une proposition tendant à remplacer la République par un gouvernement monarchique, le président de la Chambre devrait refuser de recevoir sa proposition et la Chambre ne serait pas appelée à l'examiner, en raison de son caractère inconstitutionnel.

Est-ce à dire pour cela que cette nouvelle disposition, ajoutée en 1884 à nos lois constitutionnelles, ait assuré à jamais l'existence de la forme républicaine : ce serait une illusion de le croire.

D'abord l'histoire démontre que les gouvernements ne se renversent guère par le jeu normal des institutions constitutionnelles : ils disparaissent toujours à la suite d'une révolution et par l'emploi de la force. D'ailleurs, en restant sur le terrain purement législatif, le jour où il y aurait dans les deux Chambres une majorité favorable au rétablissement de la monarchie en France, ce n'est pas la disposition de la loi de 1884 qui les empêcherait de voter le principe de la révision sur ce point, et de réaliser la réforme constitutionnelle désirée, en Assemblée nationale ; ce qu'une Assemblée nationale a fait pouvant être défait par une autre Assemblée nationale.

Etendue des pouvoirs de l'Assemblée nationale. — Une question des plus débattues s'élève en ce qui concerne l'étendue des pouvoirs de l'Assemblée nationale, en matière de révision.

On se demande si, une fois réunie, elle est libre de faire porter la révision des lois constitutionnelles, sur tous les points qu'elle désire réformer, ou si au contraire, elle doit se renfermer rigoureusement dans le programme que les deux Chambres lui ont tracé, et ne faire porter son examen et ses délibérations que sur les règles de la constitution qui y ont été indiquées.

On peut dire que cette question a été soulevée devant l'Assemblée nationale, chaque fois qu'elle s'est trouvée réunie pour procéder à une révision constitutionnelle.

En faveur du droit absolu de l'Assemblée, on a dit qu'elle était le pouvoir le plus élevé dans l'Etat, et que dès lors, on ne pouvait admettre que son autorité fût limitée par le fait des deux Chambres qui représentaient à son égard, deux pouvoirs inférieurs.

On a ajouté que cette solution était bien conforme au texte de l'article 8 de la L. C. du 24 février 1875, qui reconnaît seulement aux Chambres le droit de « déclarer qu'il y a lieu de réviser les lois constitutionnelles », mais ne lui confère pas celui d'indiquer quelle pourra être l'étendue et la portée de cette révision.

C'est dans ce premier sens que la Chambre des députés s'est prononcée dans sa séance du 26 janvier 1882 par 268 voix contre 218, mettant en minorité le *grand Ministère* présidé par Gambetta, qui crut devoir se retirer à la suite de ce vote.

A l'appui du second système, on répond :

Il n'est pas exact de dire que les deux Chambres ont des pouvoirs inférieurs à l'Assemblée nationale. Elles ont des pouvoirs nécessaires à sa création : ce sont elles qui lui donnent l'existence ; et en la faisant naître, elles doivent pouvoir fixer les limites de sa compétence et de ses attributions.

La révision de la constitution est subordonnée à un accord préalable des deux Chambres, or il ne peut y avoir accord de volontés que sur des matières précises et déterminées à l'avance.

Enfin, on dit que reconnaître à l'Assemblée nationale un pouvoir absolu en matière de révision, ce serait plonger le pays dans une incertitude dangereuse, dès que la révision serait ordonnée, sur la portée des réformes qui sortiront des délibérations de l'Assemblée nationale.

C'est dans ce sens que la question a été résolue, à l'époque des deux révisions, dont la constitution de 1875 a été l'objet, en 1879 et en 1884.

TROISIÈME PARTIE

LIMITES DES POUVOIRS DE L'ÉTAT A L'ÉGARD DES PARTICULIERS. — DES DROITS DE L'HOMME ET DU CITOYEN.

Division. — Cette troisième partie sera divisée en quatre chapitres :

I. — Exposé de la théorie des droits de l'homme et du citoyen.

II. — Classification des droits.

III. — Garantie des droits. Droit de pétition.

IV. — Suspension possible de l'exercice de ces droits. De l'état de siège.

I. — Exposé de la théorie des droits de l'homme et du citoyen.

L'État n'a pas des pouvoirs absolus sur les individus qui le composent : il existe un certain nombre de principes naturels à la condition de l'homme vivant en société, que l'État ne peut méconnaître, et qui mettent une limite salutaire à son omnipotence. C'est l'ensemble de ces règles qui forment ce qu'on est convenu d'appeler les droits individuels de l'homme et du citoyen.

Origine de cette théorie. — Cette théorie était inconnue de l'antiquité grecque et romaine, elle était ignorée des jurisconsultes du moyen âge, et de la première moitié de la période moderne, qui avait vu se former en France, une monarchie toute puissante sur les ruines de la féodalité. C'est vers le XVIIᵉ siècle qu'elle apparaît, et elle s'affirme d'une façon définitive au XVIIIᵉ siècle, dans les écrits de philosophes, tels que Wolf, J.-J. Rousseau et Blackstone. Voltaire contribua puissamment à la répandre, en se faisant l'éloquent défenseur de ses contemporains, victimes de l'intolérance religieuse, des abus judiciaires et de la raison d'Etat, dont il avait eu lui-même à souffrir dans sa jeunesse.

Fondement de cette théorie. — La justification des droits du citoyen n'est pas, comme l'ont soutenu les philosophes du XVIII° siècle, dans le contrat qui serait à la base de toute société humaine. Nous avons démontré déjà (1) que cette conception du contrat social était fausse. Il faut chercher cette justification dans la raison d'être même du groupement humain, et de la formation des Etats.

L'Etat ne doit pas être considéré comme un but, mais comme un moyen : les hommes ne se sont organisés en Etats que pour assurer leur bonheur commun, en gênant le moins possible le développement de leurs facultés individuelles.

Reconnaissance des droits de l'homme et du citoyen. — C'est la Révolution française qui consacra législativement les principes que la philosophie du XVIII° siècle avait posés : elle le fit dans la célèbre *déclaration des droits de l'homme et du citoyen* de 1789 qui fut mise en tête de la Constitution du 3-14 septembre 1791, et qui contient ce qu'on a appelé dans l'histoire, *les principes de* 1789.

Cette déclaration a été reproduite sous une forme plus accentuée encore, dans les constitutions suivantes du 24 juin 1793, et du 5 fructidor an III.

Et depuis, toutes les constitutions qui ont successivement régi la France dans le cours de ce siècle, ont, ou bien consacré un préambule au développement des droits des citoyens, comme la Constitution de 1848, ou bien contenu une reconnaissance formelle de ces droits, comme la Constitution du 14 janvier 1852 qui, dans son article 1er, déclare « reconnaître, confirmer et garantir les grands principes proclamés en 1789, et qui sont la base du droit public des Français ».

Silence de la Constitution de 1875. — **Ce qu'il faut en conclure.** — Seule, la Constitution de 1875 garde le silence sur ces principes.

Ce silence s'explique par la façon dont cette constitution a été faite : en présence des difficultés que l'Assemblée nationale avait à vaincre, elle s'est bornée à ne mettre dans son œuvre,

(1) Voir *suprà*, page 14.

que ce qui était strictement indispensable, sans s'embarrasser de la rédaction de principes, sur lesquels tout le monde était d'accord, mais dont la formule écrite eût peut-être donné lieu à des discussions qu'il était prudent de ne pas soulever.

Est-ce à dire pour cela que l'œuvre de la Révolution soit compromise et que les principes qu'elle a proclamés doivent être considérés comme abrogés ? en aucune façon.

Ces principes sont consacrés par une pratique séculaire : après avoir été proclamés par des textes précis, au moment où ils pouvaient être contestés, ils forment aujourd'hui, par la coutume, l'une des bases fondamentales de notre droit. Ils sont tellement certains, tellement évidents, ils paraissent tellement naturels, qu'il a semblé absolument inutile de les exprimer à nouveau dans un texte de loi.

II. — Classification des droits du citoyen.

Les droits du citoyen peuvent être ramenés à deux grands principes qui les résument tous :

1o Le principe de l'égalité civile ;
2o Le principe de la liberté.

§ 1. — Égalité civile.

En quoi elle consiste. — Le principe de l'égalité civile a été proclamé par la déclaration des droits de l'homme et du citoyen de la façon suivante :

« Les hommes naissent et demeurent..... égaux en droits. Les distinctions sociales ne peuvent être fondées que sur l'utilité commune ».

De son côté, la Constitution du 5 fructidor an III définit ainsi l'égalité : « L'égalité consiste en ce que la loi est la même pour tous, soit qu'elle protège, soit qu'elle punisse ».

Il ne faut donc pas confondre l'égalité civile ou l'égalité de tous devant la loi, avec l'*égalité des conditions*, qui consisterait à attribuer à chacun la même somme de jouissance quels que soient ses efforts et ses facultés. L'égalité des conditions est une pure utopie : elle est contraire à la nature des choses : de même que les dispositions naturelles ne sont pas les mêmes chez tous les individus, de même leur position dans la société ne saurait être identique ; et en admettant même qu'on pût réaliser à un moment donné le nivellement que certains esprits appellent ardemment de leurs vœux, on verrait l'inégalité renaître bientôt, parce que les uns auraient conservé et augmenté par le travail et par l'épargne la portion de biens qui leur aurait été laissée dans la répartition de toutes les richesses, tandis que d'autres auraient perdu leur part de fortune par leur paresse et leur prodigalité.

Conséquences pratiques du principe de l'égalité civile. — Le principe de l'égalité produit des conséquences importantes :

1º Au point de vue de la loi civile ;
2º   —   de la loi pénale ;
3º   —   de la justice ;
4º   —   des charges publiques ;
5º   —   de l'admission aux emplois et dignités ;

1º *Egalité devant la loi civile.* — Tandis que dans l'ancienne France les règles de droit civil étaient différentes pour les nobles et pour les roturiers, notamment au point de vue de la condition des terres, de la capacité d'acquérir ou de transmettre, et de la dévolution des successions, toute distinction a cessé désormais d'exister.

Il n'y a plus ni serfs, ni roturiers, ni nobles, ni clercs ; la loi civile est la même pour tout le monde, sans distinction de fortune, ni d'origine.

2º *Egalité devant la loi pénale.* — Dans notre ancien droit, le privilège de la naissance ne disparaissait pas même dans le crime : le roturier et le noble convaincus du même fait n'étaient pas frappés de la même peine. Le noble, condamné à mort, était décapité, le roturier était pendu.

Il n'en est plus ainsi désormais : la loi pénale est égale pour tous.

3º *Egalité devant la justice.* — Sous l'ancien régime, des privilèges spéciaux conféraient à certaines personnes le droit d'être jugées par des juridictions particulières : le *privilège de clergie* qui permettait aux clercs d'être poursuivis exclusivement devant les tribunaux ecclésiastiques ; le *privilège de committimus*, ou droit pour certains nobles d'être jugés directement par la Chambre des requêtes du parlement.

D'autre part, la vénalité des charges de judicature avait à ce point développé les frais judiciaires, sous le nom *d'épices*, perçus directement par le magistrat, que l'accès des tribunaux n'était guère possible que pour les riches.

Désormais, la justice est égale pour tous : en ce sens qu'il n'y a plus aucune distinction de juridictions basée uniquement sur des considérations de personnes.

Les règles de compétence et de procédure sont identiques pour tous les justiciables.

Comme corollaire de ce principe, on a posé cette règle que nul ne peut être distrait de ses juges naturels ; en outre, la justice est déclarée gratuite, en ce sens que les plaideurs n'ont plus à acquitter d'honoraires entre les mains des magistrats, fonctionnaires de l'Etat, appointés sur les fonds du trésor public.

La République de 1848 a réalisé un progrès considérable dans cette voie, en organisant par la loi du 22 janvier 1851, l'institution de l'assistance judiciaire qui assure aux indigents le concours gratuit des avoués, des huissiers et des avocats, et la dispense des frais de timbre et d'enregistrement pour les pièces de la procédure.

4° *Egalité des charges publiques.* — Avant 1789 les charges publiques étaient inégalement réparties : les deux premiers ordres de la nation jouissaient de privilèges, qui les exemptaient à peu près intégralement des impôts, au détriment du tiers état qui était pressuré. Pour justifier cette différence de traitement, on disait : le noble défend le roi de son épée, le clerc de ses prières, le roturier de sa bourse.

Cette distinction a disparu : les charges publiques doivent être les mêmes pour tous les citoyens.

Cette égalité apparaît notamment : au point de vue de l'impôt, et au point de vue du service militaire.

Egalité devant l'impôt. — Tous les citoyens sont égaux devant l'impôt : c'est ce qu'exprime la Constitution du 5 fructidor an III dans son article 16.

« Toute contribution est établie pour l'utilité générale : elle doit être répartie entre les contribuables, en raison de leurs facultés ».

Egalité devant la loi militaire. — Le principe de l'égalité, au point de vue du service militaire, a été posé d'une façon formelle par la loi du 15 juillet 1889 sur le recrutement de l'armée.

L'article 1er déclare que tout français doit le service militaire personnel, excluant ainsi le système du remplacement qui permettait au jeune homme riche d'éviter de servir, en payant quelqu'un pour partir à sa place.

L'article 2 ajoute : l'obligation du service militaire est égale pour tous.

Sans doute, l'article 23 favorise les jeunes gens munis de certains diplômes en ne les soumettant qu'à un an de service au lieu de trois. Mais ce sont là des exceptions qui se justifient par des raisons d'intérêt général.

5° *Egalité pour l'admission aux emplois et dignités.* — Tous les citoyens sont également admissibles aux emplois et dignités publics pourvu qu'ils remplissent les conditions prescrites par la loi, à cet effet.

C'est ce que déclare la Constitution dans les termes suivants : « La Constitution garantit que tous les citoyens sont admissibles aux places et emplois, sans autre distinction que celle des vertus et des talents ».

La Constitution de l'an III reproduit à peu près la même formule : « Tous les citoyens sont également admissibles aux emplois publics. Les peuples libres ne connaissent d'autres motifs de préférence, dans leurs élections que les vertus et les talents ».

Il en était bien autrement, sous notre ancien régime, où, d'après une ordonnance du 24 mai 1781, les gentilshommes seuls pouvaient acquérir des grades dans l'armée, et où il fallait avoir jusqu'à quatre quartiers de noblesse pour aspirer aux grades supérieurs.

§ 2. — Liberté.

Définition. — *Diverses espèces.* — D'après la déclaration de 1787, les hommes naissent et demeurent libres.

La liberté consiste à pouvoir faire tout ce qui ne nuit pas à autrui. L'exercice des droits naturels de chaque homme n'a de bornes que celles qui assurent aux autres membres de la société la jouissance de ces mêmes droits. Ces bornes sont déterminées par la loi.

La constitution de l'an III définit à son tour la liberté, le droit de faire ce qui ne nuit pas aux droits d'autrui.

La liberté apparaît sous plusieurs formes ; on distingue : la liberté individuelle, la liberté du travail, du commerce et de l'industrie, la liberté de la propriété, — qui sont quelquefois rangées sous la dénomination de *libertés matérielles*, — la liberté en matière religieuse, la liberté de réunion et d'association, la liberté de la presse qu'on appelle quelquefois les *libertés intellectuelles*.

1° *Liberté individuelle.*

Définition. — On peut définir la liberté individuelle la faculté pour tout homme d'aller, de rester, de partir, sans pouvoir en être empêché par personne.

Conséquences résultant de la liberté individuelle. — 1° *Abolition du servage et de l'esclavage.* — La première conséquence que la révolution tira elle-même du principe de la liberté individuelle fut l'abolition du servage. Cependant, dans nos colonies, l'esclavage resta en vigueur ; il fallut une nouvelle révolution, celle de 1848, pour faire disparaître de notre législation cette pratique si contraire à la nature, et en si formelle opposition avec la déclaration des droits de l'homme. Le décret qui proclame cette abolition est du 27 avril 1848.

2° *Interdiction de toute servitude personnelle.* — Pour que les institutions condamnées par la révolution de 1789, telles que servage, corvées etc., ne puissent renaître sous des formes nouvelles, ou se maintenir par la force de l'habitude, les rédacteurs du Code ont prohibé toute convention qui pourrait présenter le caractère d'un lien de subordination continu d'un individu à un autre individu, comme l'ancien vasselage ou le servage.

Ainsi, l'article 686 du Code civil déclare qu'il est permis aux propriétaires d'établir sur leurs terres ou en faveur de leurs terres, telles servitudes que bon leur semble, *pourvu néanmoins que les services établis ne soient imposés ni à la personne, ni en faveur de la personne.*

On peut noter également que le législateur de 1804, dans la rubrique du titre III a eu soin de ne pas réunir l'usufruit, l'usage et l'habitation sous la dénomination de *servitudes personnelles*, qui leur était donnée de tout temps, de peur qu'elle n'éveillât dans l'esprit l'idée d'asservissement d'une personne à une autre.

C'est la même préoccupation qui explique l'article 1780 du même Code civil, d'après lequel on ne peut louer ses services qu'à temps ou pour une entreprise déterminée. Déjà, une loi du 22 germinal an XI, dans son article 15, déclarait que l'engagement des ouvriers ne peut excéder un an.

Dans le même ordre d'idées, on peut signaler le refus de la loi de reconnaître l'obligation résultant des vœux religieux temporaires ou perpétuels, même à l'égard des congrégations religieuses autorisées.

3° *Interdiction de toute arrestation et détention arbitraire.* — « Nul homme, dit la déclaration, ne peut être accusé, arrêté ni détenu que dans les cas déterminés par la loi, et selon les formes qu'elle a prescrites. Ceux qui sollicitent, expédient, exécutent ou font exécuter des ordres arbitraires doivent être punis ».

Ce principe est sanctionné par les articles 114 à 123 du Code pénal qui réprime d'une façon rigoureuse les atteintes à la liberté commises par les agents de la force publique et par les articles 341 à 345 relatifs aux arrestations illégales et aux séquestrations de personnes.

Il en était bien différemment, avant 1789 : le roi avait un pouvoir absolu sur les personnes, et par une simple lettre de cachet, signée de sa main, sans autre forme de procès, il pouvait vous faire enfermer à perpétuité dans une prison d'Etat.

En Angleterre, depuis longtemps les individus jouissent à cet égard d'une garantie précieuse, par l'*acte d'habeas corpus* du 24 mai 1679, qui assure une protection efficace contre les arrestations arbitraires.

4° *Absence de toute peine arbitraire.* — Tandis que dans notre ancien droit la détermination des peines était laissée à l'arbitraire du magistrat, qui faisait ainsi fonction à la fois de juge et de législateur, la révolution a posé un principe contraire : « Nul ne peut être puni qu'en vertu d'une loi établie et promulguée antérieurement au délit ».

Cette règle est confirmée par l'article 4 du Code pénal qui établit la règle de la non rétroactivité des lois, en matière criminelle.

5° *Inviolabilité du domicile.* — La maison de toute personne habitant le territoire français est un asile inviolable. Pendant le jour, on peut y entrer pour un objet spécial, déterminé par une loi, ou par un ordre émané d'une autorité publique. Pendant la nuit, nul n'a le droit d'y pénétrer que dans le cas d'incendie, d'inondation ou de réclamation faite de l'intérieur de la maison (art. 76, Constitution du 22 frimaire an VIII).

2º *Liberté du travail, du commerce et de l'industrie.*

Enoncé du principe. — Dans notre ancien droit, des entraves nombreuses étaient apportées au libre exercice des facultés de l'homme par l'organisation des corporations, des jurandes et des maîtrises, — dont les travailleurs devaient nécessairement faire partie, et où ils étaient hiérarchisés depuis l'apprenti jusqu'au maître, en passant par le compagnon, — par la réglementation minutieuse des procédés de fabrication, qui arrêtait l'essor des initiatives individuelles, et par la Constitution de grandes Compagnies privilégiées.

La révolution française a fait disparaître toutes ces entraves ; Les maîtrises et les jurandes furent supprimées par une loi du 2 mars 1791 : et la Constitution de 1793 proclame que : « Nul genre de travail, de culture, de commerce ne peut être interdit à l'industrie des citoyens ».

Malheureusement, par une réaction trop violente, les lois révolutionnaires interdirent les associations libres entre travailleurs, dans la crainte de voir réapparaître les anciennes corporations abolies ; et le Code pénal, s'inspirant des mêmes préoccupations, punit comme *délit de coalition*, l'entente entre patrons ou entre ouvriers pour amener ou maintenir une cessation concertée du travail, dans le but de forcer la baisse ou la hausse des salaires (art. 414 à 416, C. P.).

On condamnait l'ouvrier à l'isolement, et on lui ôtait la ressource que procure l'entente concertée des individus pour lutter avec égalité de force contre les exigences du capital.

Le délit de coalition a disparu par la loi du 25 mai 1864. La loi du 21 mars 1884 est allée plus loin en accordant aux ouvriers et aux patrons le droit de former des associations permanentes, sous le nom de *syndicats professionnels.*

Restrictions à la liberté du commerce et de l'industrie. — Le principe de la liberté du commerce et de l'industrie subit une première restriction, par suite de l'établissement de *certains monopoles* que l'Etat se réserve pour la fabrication ou pour la vente de certains produits. Certains de ces monopoles, comme celui relatif à la fabrication de la poudre, sont établis dans un intérêt de sécurité publique. D'autres, comme le monopole du tabac et des cartes à jouer, ont pour but de procurer des ressources à l'Etat.

Une autre restriction importante résulte de la législation sur les *brevets d'invention*, qui accorde à l'auteur d'une invention nouvelle le droit exclusif de fabrication et de vente, pendant un certain temps.

Cette faveur spéciale est établie dans un intérêt général : elle est destinée à développer chez les industriels l'esprit de découverte, en leur assurant le profit exclusif de leurs inventions pendant une période suffisamment longue pour les rémunérer de leurs frais, de leur temps et de leur peine.

3° *Liberté de la propriété.*

La déclaration de 1789 a classé le droit de propriété au nombre des droits naturels et imprescriptibles de l'homme, après la liberté.

Elle ajoute dans son article 17 : « La propriété étant un droit inviolable et sacré, nul ne peut en être privé, si ce n'est lorsque la *nécessité publique* légalement constatée l'exige évidemment, et sous la condition d'une juste et préalable indemnité ».

Tout en établissant le principe du respect de la propriété, la révolution admettait la restriction de l'expropriation, en raison de la prédominance de l'intérêt général sur l'intérêt particulier. Mais en subordonnant la faculté d'expropriation à deux conditions : 1° de la *nécessité publique* légalement constatée ; 2° d'une juste et préalable indemnité.

Les lois postérieures se sont montrées moins rigoureuses, en se bornant à exiger *l'utilité* publique, au lieu de la *nécessité*.

Ajoutons que la Charte de 1814 a consacré par une disposition importante le respect dû à la propriété privée, en faisant disparaître de nos lois la peine de la confiscation générale des biens qui était une atteinte directe à la propriété, et qui de plus, était contraire à la règle que, pour rester équitable, la peine doit être exclusivement *personnelle* à l'auteur du délit, puisqu'elle opérait le dépouillement du coupable et de sa famille.

4° *Liberté en matière religieuse.*

Distinction fondamentale. — La liberté en matière religieuse comprend : la liberté de conscience et la liberté des Cultes.

La *liberté de conscience* est la faculté pour tout individu de croire ou de ne pas croire les dogmes d'une religion quelconque, sans pouvoir être inquiété, et sans subir aucune déchéance de ce chef.

8

La *liberté des Cultes* est quelque chose de plus : c'est le droit d'affirmer ses croyances en telle religion par des manifestations extérieures.

Cette liberté a pour limite le maintien de l'ordre public : l'administration conserve toujours le droit d'interdire toutes les pratiques extérieures qui seraient de nature à le compromettre. C'est dans cet ordre d'idées que, dans chaque commune, le maire, comme chef de la police municipale, a le droit d'empêcher les ministres du Culte catholique d'organiser des processions sur la voie publique.

La liberté en matière religieuse n'implique pas l'égalité de tous les Cultes devant la loi.

La Charte de 1814 avait proclamé la religion catholique, religion d'Etat, comme étant suivie par la majorité des Français. Il n'y a plus aujourd'hui de religion d'Etat : mais il y a certains Cultes qui sont formellement reconnus et qui jouissent de certaines faveurs qui ne sont pas concédées aux *autres Cultes* : ces Cultes sont au nombre de quatre : le Culte catholique, le Culte protestant de l'église réformée ; le Culte protestant de l'église luthérienne ou de la confession d'Augsbourg, et le Culte israélite. Ils jouissent d'un certain nombre d'avantages, au point de vue du traitement de leurs ministres, de la situation qui leur est faite pour le service militaire, pour le service du jury, et des obligations imposées à l'Etat et aux communes pour l'entretien des édifices consacrés au Culte.

5° *Liberté de réunion et d'association.*

Définitions. — Il ne faut pas confondre la réunion et l'association.

La réunion est le rapprochement accidentel et momentané de plusieurs personnes dans un même lieu pour discourir sur un sujet déterminé.

L'association est au contraire, le concours permanent d'un certain nombre d'individus, réunis entre eux, non pas d'une façon fortuite, mais par suite d'une entente raisonnée, écrite ou verbale, et poursuivant une action commune.

Cette distinction n'a pas toujours été faite par les lois nombreuses qui se sont occupées de cette matière. La plupart d'entre elles ont confondu les deux choses et leur ont appliqué les mêmes règles.

La Constitution du 3 septembre 1791 garantissait « comme

droit naturel ou civil, la liberté aux citoyens de s'assembler paisiblement et sans armes, en satisfaisant aux lois de police ».

Mais ce principe a subi de graves atteintes, dans le cours de ce siècle, et actuellement le régime auquel est soumis le droit de réunion est bien différent de celui qui s'applique au droit d'association.

Droit de réunion. — Loi du 30 juin 1881. — La loi du 30 juin 1881 a proclamé la liberté des réunions publiques. Cette liberté consiste en ce qu'une autorisation administrative n'est plus nécessaire, comme sous l'empire des lois précédentes, pour tenir une réunion publique. Il suffit d'une simple déclaration faite au préfet de police, à Paris, et en province, au préfet du département, au sous-préfet ou au maire suivant les cas, par deux personnes jouissant de leurs droits civils et politiques, vingt-quatre heures au moins avant l'heure de la réunion (art. 2).

Pendant la période électorale, le délai est réduit à deux heures, et même, dans les élections, comme celle pour l'élection des sénateurs, où dans la même journée il peut y avoir plusieurs tours de scrutin, la réunion peut suivre immédiatement la déclaration (art. 3).

Réunions électorales. — Les réunions électorales, c'est-à-dire celles qui ont pour but le choix ou l'audition des candidats à des fonctions publiques électives, présentent ceci de particulier, qu'elles ne sont pas ouvertes à tout le monde : ne peuvent y assister que les électeurs de la circonscription, les candidats, les membre des deux Chambres, et le mandataire de chacun des candidats (art. 5).

Mesures destinées au maintien de l'ordre. — Pour empêcher que la réunion ne dégénère en tumulte, et pour prévenir les infractions à la loi qui pourraient s'y commettre, le législateur de 1881 a pris les deux mesures suivantes :

1° Toute réunion doit avoir un bureau composé de trois personnes au moins.

Il est chargé, sous sa responsabilité personnelle, de maintenir l'ordre, d'empêcher toute infraction aux lois, de conserver à la réunion le caractère qui lui a été donné par la déclaration, d'interdire tout discours contraire à l'ordre public et aux bonnes mœurs, ou contenant provocation à un acte qualifié crime ou délit.

2° Un fonctionnaire de l'ordre administratif ou judiciaire

peut être délégué par l'autorité compétente pour assister à la
réunion : il choisit sa place.

Il a le pouvoir de prononcer la dissolution de la réunion :

1° Lorsqu'il en est requis par le bureau ;

2° Lorsqu'il se produit des voies de fait et des collisions.

Prohibitions. — Enfin, la loi de 1881 contient deux prohibitions :

1° Interdiction des *attroupements*, c'est-à-dire des réunions
tenues sur la voie publique, qui restent soumis à la loi du 7 juin
1848 (art. 6) ;

2° Interdiction des *clubs* (art. 7).

Le club tient à la fois de l'association et de la réunion : de
l'association, parce qu'elle est constituée par le concours permanent d'un certain nombre d'affiliés ; de la réunion, en ce que
l'action des clubs se manifeste par des discussions se produi-
sant dans des assemblées périodiques : une autre particularité
du club consiste en ce que les membres qui assistent à ces réunions sont de deux sortes : les uns font partie de l'association,
et seuls y jouent un rôle actif en intervenant dans la discussion et en votant ; les autres assistent en simples spectateurs.

Les clubs ont été interdits, pour empêcher le retour de ces
sociétés populaires de la révolution qui avaient exercé une influence si funeste sur la marche des affaires politiques.

Droit d'association. — Le droit d'association n'est pas libre
comme le droit de réunion : il est encore soumis aux dispositions des articles 291, 292, 293 du Code pénal, complétées par
la loi du 10 avril 1834.

Ces textes distinguent deux sortes d'associations :

Celles de moins de 20 personnes qui sont libres ;

Celles de plus de 20 personnes qui ne peuvent se former qu'a-
vec une autorisation émanant de l'autorité compétente.

Depuis de nombreuses années des projets ont été mis à l'é-
tude pour réaliser enfin cette liberté de s'associer, dont la révolution de 1789 avait posé le principe, mais aucune de ces tentatives n'a encore abouti.

Nous devons rappeler toutefois qu'un privilège considérable
a été créé au profit de l'ouvrier par la loi du 21 mars 1884 sur
les syndicats professionnels. Cette loi a, en effet, accordé aux
ouvriers et aux patrons, le droit de s'associer librement, pour
la défense de leurs intérêts professionnels, droit refusé à tous
les autres citoyens.

6° *Liberté de la presse*.

Historique. — Dans notre ancien droit, la profession d'imprimeur n'était pas libre : pour l'exercer il fallait un privilège : de plus tout ouvrage, avant d'être imprimé, était soumis à l'examen de censeurs, et pour le faire paraître une autorisation spéciale devait être obtenue.

La révolution française proclama sur ce point encore le principe de la liberté. La déclaration de 1789 porte, en effet : « La libre communication des pensées et des opinions est un des droits les plus précieux de l'homme, tout citoyen peut donc parler, écrire, imprimer librement, sauf à répondre de l'abus de cette liberté dans les cas déterminés par la loi ».

Malgré cette déclaration, la liberté de la presse a été l'objet d'une réglementation fréquente, tantôt libérale, tantôt autoritaire. Elle n'a été consacrée d'une façon complète et définitive que par la loi du 29 juillet 1881.

Cette loi constitue aujourd'hui le véritable code de la matière : toutes les lois antérieures ont été abrogées par elle.

Réformes capitales de la loi du 29 juillet 1881. — Cette loi a réalisé trois réformes capitales :

1° Elle a fait disparaître toutes les restrictions, qui, sous prétexte de prévenir les délits commis par la voie de la presse, n'avaient d'autre but et d'autre résultat que d'arrêter l'essor des feuilles publiques ; telles que :

L'autorisation préalable, la censure, le timbre et le cautionnement.

2° Elle a supprimé ce qu'on appelait antérieurement les *délits de presse*, c'est-à-dire les délits d'opinion consistant à publier une opinion contraire aux opinions religieuses ou politiques du gouvernement ; désormais, il n'y a plus de délits de presse, mais des délits de droit commun, commis par la voie de la presse ;

3° Enfin, pour les délits dont il vient d'être parlé, elle a érigé en principe la compétence du jury.

Aperçu rapide sur la loi du 29 juillet 1881. — Nous n'avons pas l'intention de donner un Commentaire détaillé de la loi sur la presse (1) : nous nous bornerons à en faire connaître les principales dispositions d'une façon succincte.

_____

(1) Cette loi est divisée en 6 chapitres : Chapitre Ier. De l'imprimerie et de

8.

De l'imprimerie et de la librairie : — L'imprimerie et la librairie sont déclarées libres (art. 1).

L'imprimeur est tenu seulement à indiquer sur tout imprimé rendu public, son nom et son domicile : il doit, en outre, faire le dépôt de deux exemplaires, destinés aux collections nationales, au Ministère de l'Intérieur à Paris, et dans les départements à la préfecture, sous-préfecture ou à la mairie (art. 2 et 3).

Là se borne la réglementation de la loi de 1881, en ce qui concerne les *écrits non périodiques*.

De la presse périodique. — Quant à la presse périodique, qui comprend les journaux ou revues paraissant au moins une fois par mois, la loi de 1881 a édicté un certain nombre de dispositions uniquement destinées à permettre d'exercer facilement les poursuites, au cas où des infractions viendraient à être commises par cette voie.

Ces mesures sont : la gérance, la déclaration préalable, le dépôt, et l'indication du nom du gérant.

1° *Gérance.* — Tout journal ou écrit périodique doit avoir un gérant.

Le gérant doit être Français, majeur, avoir la jouissance de

la librairie. — Chapitre II. De la presse périodique : — 1re section : du droit de publication, de la gérance, de la déclaration et du dépôt au Parquet ; 2e section : des rectifications ; 3e section : des journaux ou écrits périodiques étrangers. — Chapitre III. De l'affichage du colportage, et de la vente sur la voie publique : — 1re section : De l'affichage ; 2e section : Du colportage et de la vente sur la voie publique. — Chapitre IV. Des crimes et délits commis par la voie de la presse ou par tout autre moyen de publicité : — 1re section : provocation aux crimes et délits ; 2e section : délits contre la chose publique ; 3e section : délits contre les personnes ; 4e section : délits contre les chefs d'Etats et agents diplomatiques étrangers ; 5e section : publications interdites, immunité de la défense. — Chapitre V. Des poursuites et de la répression : — 1re section : des personnes responsables des crimes et délits commis par la voie de la presse ; 2e section : de la procédure ; § 1, Cour d'assises ; § 2, Police correctionnelle et simple police ; § 3, pourvois en Cassation ; 3e section : récidives, circonstances atténuantes, prescriptions. — Chapitre VI. Dispositions transitoires. — La loi du 29 juillet 1881 a été modifiée, dans ses articles 45 et 60 par la loi du 17 mars 1893 qui défère au Tribunal correctionnel les offenses contre les chefs d'Etat étrangers et leurs représentants en France ; dans ses articles 24 et 25 par la loi du 12 décembre 1893 et par la loi du 28 juillet 1894 ayant pour but de *réprimer les menées anarchistes* ; cette dernière loi rend le tribunal correctionnel compétent pour les infractions prévues par ses 2 articles 24 et 25, lorsqu'elles ont pour but un acte de propagande anarchiste. — On peut citer en outre la loi du 19 mars 1889 relative aux annonces sur la voie publique, qui a complété sur ce point l'article 22 de la loi de 1881.

ses droits civils et n'être privé de ses droits civiques par aucune condamnation judiciaire (art. 6).

En cas d'infraction commise par un journal, c'est le *gérant* qui est poursuivi comme *auteur principal*, et l'*auteur* de l'article incriminé, comme *complice* (art. 42 et 43).

2° *Déclaration préalable.* — Avant la publication de tout écrit périodique, une déclaration sur papier timbré signée du gérant doit être faite au parquet du procureur de la République indiquant : le titre de l'écrit et son mode de publication ; le nom et la demeure du gérant, l'imprimerie qui doit être employée (art. 7, 8).

3° *Dépôt.* — Au moment de la publication de chaque feuille ou livraison du journal ou écrit périodique, il doit être fait dépôt de 2 exemplaires : 1° au parquet du procureur de la République ; 2° au Ministère de l'Intérieur, pour le département de la Seine, et dans les autres départements, à la préfecture, sous-préfecture ou mairie (art. 10).

4° *Nom du gérant.* — Le nom du gérant doit être imprimé au bas de tous les exemplaires (art. 11).

Nous renvoyons aux articles de la loi elle-même pour toutes les autres dispositions relatives à l'affichage, au colportage et à la répression des crimes et délits commis par la voie de la presse.

III. — Garantie des droits du citoyen.

Notions générales. — Il ne suffit pas de reconnaître aux citoyens un certain nombre de droits ; il faut encore les garantir contre les atteintes portées à l'exercice de ces droits. Or, si les particuliers ont contre certains actes du pouvoir exécutif un moyen suffisant de défense dans la faculté qui leur appartient de les déférer au Conseil d'Etat pour excès de pouvoir, il y en a toute une catégorie, les actes gouvernementaux, contre lesquels cette voie de recours leur échappe. D'autre part, ils n'ont aucun moyen de se mettre à l'abri contre les actes abusifs qui pourraient émaner sur ce point du pouvoir législatif ; les tribunaux judiciaires sont dans la nécessité d'appliquer les lois même inconstitutionnelles.

Sous la constitution de l'an VIII et celle de 1852, il y avait une assemblée chargée de prononcer la nullité des actes inconstitutionnels, c'était le Sénat conservateur. Il n'existe rien de semblable sous la constitution de 1875.

Cependant les citoyens peuvent trouver une dernière sauvegarde de leur droit dans l'exercice du *droit de pétition*.

Du droit de pétition. — Le droit de pétition est la faculté qui appartient à tout citoyen de saisir le Parlement, soit d'une plainte contre les abus d'autorité dont il a été victime de la part du gouvernement, soit d'un vœu pour l'amélioration de la législation en vigueur.

Le droit de pétition apparaît ainsi avec un double but : d'une part, il sert de garantie aux droits individuels des citoyens, en leur donnant le moyen de se placer sous la protection des représentants du peuple contre les actes inconstitutionnels émanant du pouvoir : il aboutit alors à mettre en jeu la responsabilité des Ministres.

D'autre part, il permet aux simples particuliers, de faire en quelque sorte, œuvre d'initiative, et de concourir à la confection des lois, en signalant au Parlement les réformes qu'il serait utile d'apporter sur une matière déterminée.

Ce droit si précieux a toujours été proclamé depuis 1789 par nos diverses Constitutions : seule la Constitution de 1852 en a restreint l'exercice, en refusant le droit de pétition au corps législatif, et en ne permettant d'en adresser qu'au Sénat.

Bien que la Constitution de 1875 n'en parle pas, son silence ne pouvait être considéré comme une négation de cette faculté essentielle : et la loi du 22 juillet 1879, relative au siège du pouvoir exécutif et des Chambres, l'a formellement reconnu en le réglementant.

Forme des pétitions. — Toute pétition à l'une ou à l'autre Chambre, d'après cette loi, ne peut être faite et présentée que par écrit.

Le règlement des deux Chambres exige en outre qu'elle soit signée, et que la signature soit légalisée : elle doit indiquer le domicile du pétitionnaire.

La pétition peut être adressée directement au Président de l'une ou l'autre Chambre, ou déposée sur le bureau par l'intermédiaire d'un de ses membres.

Il est interdit de porter des pétitions en personne ou à la barre : une pétition apportée par un rassemblement formé sur la voie publique ne peut être reçue par le Président ni déposée sur le bureau.

Ces mesures ont été prises nous l'avons déjà indiqué (1), pour éviter le retour des scènes tumultueuses de la période révolutionnaire où des rassemblements envahissaient la salle des séances sous prétexte de présenter à la barre des pétitions.

Examen des pétitions. — Suite qui leur est donnée. — Les pétitions sont renvoyées à une Commission permanente, dont les membres, nous l'avons vu plus haut (2), se renouvellent tous les mois, et qui est dite : *Commission des pétitions.*

Cette Commission peut prendre l'une des trois solutions suivantes :

Ou bien renvoyer la pétition à un Ministre ;

Ou bien, en dehors du renvoi au Ministre, conclure qu'elle doit être soumise à l'examen de la Chambre ;

Ou bien proposer la question préalable.

Tous les mois, un feuilleton est distribué aux membres de chaque Chambre, faisant connaître les diverses pétitions, avec leur objet, le nom du pétitionnaire et la résolution adoptée par la Commission.

Dans le mois qui suit cette publication, un membre de la Chambre peut demander le rapport d'une pétition en séance publique.

Ce délai expiré, sans qu'on ait usé de cette faculté, la décision de la Commission, concluant au renvoi à un Ministre, ou proposant la question préalable, devient définitive, et mention en est faite au *Journal officiel.*

Les pétitions pour lesquelles la Commission a conclu à l'examen par la Chambre font l'objet d'un débat en séance publique.

Quant à celles qui ont été renvoyées à un Ministre, celui-ci est tenu de faire connaître dans les 6 mois la suite qu'il leur aura donnée.

IV. — Suspension possible de l'exercice des droits du citoyen.

De l'état de siège. — Dans des circonstances exceptionnelles, devant le danger d'une émeute intérieure, ou en présence d'une invasion ennemie, l'intérêt général de l'ordre public ou de la défense nationale peut exiger que les pouvoirs conférés

(1) Voir *suprà* page 95.
(2) Voir *suprà* page 97.

au gouvernement, dans l'état de paix, sur les particuliers, soient
étendus d'une façon considérable, en sorte qu'il y ait suspension pendant un certain temps, de l'exercice de quelques-uns
des droits du citoyen. C'est ce qui se produit lorsqu'une ville
ou une place forte est mise en *état de siège*. Mais, pour éviter
l'arbitraire et les abus d'autorité, en cette matière, la loi a pré-
cisé avec soin, d'une part, par qui un territoire pouvait être
placé sous l'empire d'un régime aussi rigoureux, et d'autre
part, quels effets résultent de cette situation particulière.

Diverses sortes d'état de siège. — Avant d'aborder l'étude
de ces deux points, il importe de distinguer avec soin les diverses sortes d'état de siège prévues par la loi :

1° En se plaçant au point de vue du territoire auquel s'applique l'état de siège, on doit distinguer l'état de siège des villes
qui ne constituent ni des places fortes ni des postes militaires,
et l'état de siège des places fortes et des postes militaires ;

2° Au point de vue de la situation matérielle résultant de
l'état de siège, on distingue l'état de siège effectif, qui résulte
d'un investissement réel par l'ennemi, de l'état de siège fictif
ou politique, qui est créé par l'autorité compétente, en cas
d'émeute intérieure, pour augmenter l'étendue des pouvoirs du
gouvernement.

Division. — Cela posé nous étudierons :

1° L'état de siège des villes ne constituant ni des places de
guerre, ni des postes militaires ;

2° L'état de siège des places de guerre et des postes militaires.

§ 1. — Etat de siège des villes ne constituant ni des places de guerre ni des postes militaires.

1° **Déclaration de l'état de siège.** — *Principe.* — En principe, c'est au pouvoir législatif seul qu'il appartient de déclarer
l'état de siège (art. 1er, loi du 4 avril 1878).

Exceptions. — Ce principe subit trois ordres d'exceptions :

1° En cas d'ajournement des Chambres, l'état de siège peut
être déclaré par un décret du Président de la République,
rendu en Conseil des Ministres. Les Chambres se réunissent
alors de plein droit dans les deux jours, pour statuer sur le

maintien ou la levée du siège : en cas de désaccord entre les deux Chambres l'état de siège est levé de plein droit ;

2° Aux colonies, la déclaration de l'état de siège est faite par le gouverneur. Il doit en rendre compte immédiatement au gouvernement (art. 6).

Si le Président de la République ne croit pas devoir lever l'état de siège, il en propose sans délai le maintien à l'Assemblée nationale.

3° En Algérie, le même pouvoir appartient au gouverneur général, dans le cas où les communications seraient interrompues entre la France et cette colonie.

4° En cas de dissolution de la Chambre des députés et jusqu'à l'accomplissement entier des opérations électorales, l'état de siège ne peut, même provisoirement, être déclaré par le Président de la République. Cependant, s'il y avait guerre étrangère, le Président, de l'avis du Conseil des Ministres, pourrait déclarer l'état de siège, dans les territoires menacés par l'ennemi, à la condition de convoquer les collèges électoraux et de réunir les Chambres dans le plus bref délai possible (art. 3, L. de 1878).

2° **Effets de l'état de siège.** — L'état de siège entraîne notamment les conséquences suivantes :

1° Les pouvoirs dont l'autorité civile est revêtue en temps ordinaire pour le maintien de l'ordre et de la police passent à l'autorité militaire ;

2° L'autorité militaire, ainsi substituée à l'autorité civile, est investie de pouvoirs extraordinaires qui portent une restriction notable à l'exercice de la liberté individuelle.

Ainsi, elle a le droit :

De faire des perquisitions de jour et de nuit dans le domicile des citoyens (art. 9, L. de 1849) ;

D'éloigner les repris de justice et les individus qui n'ont pas leur domicile dans les lieux soumis à l'état de siège ;

D'interdire les publications de journaux et les réunions qu'elle juge de nature à exciter ou à entretenir le désordre.

3° Enfin, il est porté atteinte, au principe que « nul ne peut être distrait de ses juges naturels », par la faculté laissée aux Conseils de guerre de connaître des crimes et délits contre la sûreté de la République, la Constitution, l'ordre, et la paix publique, **quelle que soit la qualité des auteurs principaux et des complices (art. 8).**

§ 2. — Etat de siège des places de guerre
et des postes militaires.

1° Déclaration de l'état de siège. — *Principe.* — On suit en principe les mêmes règles que nous avons indiquées pour l'état de siège des autres territoires.

Exception. — Par exception, dans certains cas, l'état de siège peut être déclaré par le commandant militaire de la place de guerre ou du poste militaire. Il en rend compte immédiatement au gouvernement, qui demande le maintien de l'état de siège aux Chambres, s'il ne croit pas devoir le lever (art. 5, L. de 1849).

Les cas, où cette dérogation importante peut se produire, sont les suivants :

1° Investissement de la place ou d'un poste par des troupes ennemies qui interceptent les communications du dehors au dedans et du dedans au dehors ;

2° Attaque de vive force ou par surprise ;

3° Sédition intérieure de nature à compromettre la sécurité de la place ;

4° Enfin, lorsque des rassemblements armés se sont formés dans un rayon de 10 kilomètres sans autorisation.

2° Effets de l'état de siège déclaré en cas de guerre étrangère. — Les pouvoirs conférés à l'autorité militaire sont plus considérables, et les droits du citoyen subissent une éclipse plus grande encore lorsque l'état de siège est déclaré dans une place de guerre ou un poste militaire, *en cas de guerre étrangère.* En dehors des moyens d'action extraordinaires indiqués plus haut, l'autorité militaire a le droit :

1° D'expulser non seulement, les étrangers et les repris de justice, mais même les gens simplement notés par la police civile ou militaire, ainsi que les *bouches inutiles* (femmes, vieillards, enfants) ;

2° De faire rentrer dans la place ou d'empêcher d'en sortir, les ouvriers, bêtes de somme, outils, matériaux et autres moyens de travail, les bestiaux, les denrées et autres moyens de subsistance ;

3° Occuper les terrains, les établissements publics et privés et y exécuter les travaux nécessaires à la défense, sans que les dommages ainsi causés à la propriété privée par les opérations militaires puissent donner lieu à une indemnité.

4° Enfin, les Conseils de guerre ont une compétence générale pour juger toutes les infractions commises, quelles que soient la nature et la qualité de son auteur.

Recueil méthodique des principales questions d'examen sur le droit constitutionnel.

Notions préliminaires. — Qu'est-ce que le droit constitutionnel ? Quelle différence avec le droit administratif ? Qu'est-ce qu'une Constitution ? Une Constitution écrite ? Coutumière ? En citer un exemple ? Qu'est-ce qu'une Constitution souple ? Une Constitution rigide ? Quelle différence y a-t-il entre une loi ordinaire et une loi constitutionnelle ?

Ire PARTIE. — **La forme de l'Etat.** — Qu'est-ce qu'un Etat ? Une nation ? Qu'est-ce qu'un Etat simple ? Combien y a-t-il de sortes d'Etats composés ? Qu'est-ce qu'une union réelle d'Etats ? Qu'est-ce qu'une union personnelle ? Qu'est-ce qu'une union incorporée ? Qu'est-ce qu'une Confédération d'Etats ? Un Etat fédéral ?

IIe PARTIE. — **Les organes supérieurs de l'Etat.** — 1o *Principes théoriques de droit constitutionnel.* — Quels sont les principes de droit constitutionnel admis par la plupart des Etats contemporains ? Ont-ils tous la même origine ? Quels sont les principes dûs à la philosophie du XVIIIe siècle ? Ceux qui sont dus à l'évolution des institutions anglaises ? Qu'est-ce que la souveraineté nationale ? S'exerce-t-elle directement ? N'y a-t-il pas eu en France des essais de gouvernement direct de la nation ? N'y a-t-il pas un pays voisin où le vote populaire direct intervient dans l'exercice du pouvoir législatif ? Qu'est-ce que le principe de la séparation des pouvoirs ? Par qui a-t-il été formulé ? Combien de pouvoirs distincts y a-t-il dans un Etat ? Qu'est-ce que le régime représentatif ? Par combien d'assemblées est-il en général exercé ? Quels sont les arguments invoqués en faveur de la dualité des Chambres législatives ? Ceux qu'on a fait valoir en faveur du système de l'unité de Chambre ? Quels sont les trois termes de la responsabilité gouvernementale ? Qu'est-ce que la procédure d'empêchement ? Quels sont les traits caractéristiques du gouvernement parlementaire ? Quel est le berceau de cette forme de gouvernement ? A quelles époques a-t-il été pratiqué en France depuis 1789 ? Pourquoi appelle-t-on le gouvernement, *gouvernement de cabinet* ?

2° *Exposé historique des constitutions françaises.* — Quels sont les traits caractéristiques de la constitution de 1793 ? Cette constitution a-t-elle été appliquée ? Comment était organisé le pouvoir législatif sous la constitution de l'an VIII ? Quel était le système électoral ? Quelles différences y a-t-il entre la monarchie constitutionnelle de 1814 et celle de 1830 ? A quelle époque a été établi le suffrage universel en France ? Par qui étaient nommés le pouvoir exécutif et le pouvoir législatif, d'après la constitution de 1848 ? Quel est le premier décret de l'Assemblée nationale de 1871, sur l'organisation du pouvoir exécutif ? Dans quelles conditions M. Thiers fut-il nommé chef du pouvoir exécutif ? Sa situation ne rappelait-elle pas un amendement célèbre proposé antérieurement sur la condition du Président vis-à-vis du pouvoir législatif ? L'Assemblée nationale tenait-elle le pouvoir constituant de la nation ? Ne connaissez-vous pas une autre assemblée qui a exercé en France un pouvoir constituant qui ne résultait pas de son élection ? L'Assemblée nationale ne modifia-t-elle pas elle-même la situation de M. Thiers à son égard ? Quel est le vote de l'Assemblée nationale qui assura le triomphe du régime républicain dans la constitution de 1875 ?

3° *Organisation des pouvoirs publics d'après la constitution de 1875.* — De combien de lois est composée la constitution de 1875 ? En quoi diffère-t-elle de la plupart de ses devancières ? Quelles sont les révisions que cette constitution a déjà subies ?
— *Président de la République.* Par qui est-il élu ? Quel danger présente l'élection du Président au suffrage universel ? Quelles conditions faut-il remplir pour être Président de la République ? Quelle est la durée de ses fonctions ? En cas de vacance, à quelle époque l'Assemblée nationale doit-elle être réunie pour de nouvelles élections ? Par qui est rempli l'intérim pendant la vacance de la Présidence ? Comment le président communique avec les Chambres ? Comment peut-il vaincre à un moment donné la résistance des Chambres ? En quoi consistent les attributions du Président, pour assurer l'exécution de la loi ? Quels sont les actes du Président ?

Qu'est-ce qu'un décret réglementaire ? Combien y en a-t-il d'espèces ? Quelles différences y a-t-il entre les décrets réglementaires et la loi ? Quand le Président de la République est-il responsable ? Par qui peut-il être mis en accusation et jugé ? — *Ministres* : Qu'est-ce qu'un département ministériel ? Qui a qualité pour créer un nouveau Ministère ? Par qui les Ministres sont nommés et révoqués ? Les Ministres sont-il titulaires du pouvoir exécutif ? Qu'est-ce que le Conseil des Ministres ? Qu'est-ce que le Conseil de Cabinet ? Comment les Ministres communiquent avec les Chambres ? Peuvent-ils prendre part au vote ? Qu'est-ce qu'une question ? Qu'est-ce qu'une interpellation ? Différences entre les deux choses ? En quoi consiste la responsabilité des Ministres au point de vue pénal ? Les Ministres ne peuvent-ils être poursuivis que devant le Sénat ? En quoi consiste la responsabilité politique des Ministres ? Est-elle solidaire ou individuelle ? Existe-t-elle à un même degré devant l'une et l'autre Chambre ? N'y a-t-il pas une Constitution étrangère dans laquelle la responsabilité ministérielle n'existe que devant la Chambre populaire ? — *Pouvoir législatif* : A qui appartient le pouvoir législatif ? Combien la Chambre des députés comprend de membres ? Quel est le mode de scrutin pour l'élection des députés ? En a-t-il toujours été ainsi ? Quels arguments a-t-on invoqué en faveur du scrutin de liste ? En faveur du scrutin d'arrondissement ? Quelles sont les conditions d'éligibilité à la Chambre ? Quelle différence y a-t-il entre l'incompatibilité et l'inéligibilité ? Peut-on se présenter dans plusieurs circonscriptions électorales ? Pourquoi la loi a-t-elle interdit les candidatures multiples à la Chambre ? Dans quelles circonstances y a-t-il lieu à des élections à la Chambre ? N'y a-t-il pas un moment à partir duquel des élections partielles ne peuvent pas avoir lieu ? Quelles sont les conditions requises pour être élu député au premier tour de scrutin ? Lorsque la majorité requise par la loi n'est pas obtenue quand doit avoir lieu le scrutin de ballottage ? Quelle était l'organisation du Sénat d'après la Constitution de 1875 ? A quelle époque a-t-elle été modifiée ? Quelles sont les réformes réalisées en 1884 ? La loi sur l'organisation du Sénat a-t-elle conservé le caractère qu'elle avait en 1875 ? Comment est composé le collège électoral pour l'élection des sénateurs ? Comment ont été nommés, les premiers sénateurs inamovibles ? En existe-t-il encore ? Quelle innovation contient la loi du 29 décembre 1884, en ce qui concerne l'élection des sénateurs, dans les départements ? Quel est le caractère du mandat donné aux délégués sénatoriaux ? Quel âge faut-il avoir pour être sénateur ? La loi qui interdit les candidatures multiples s'applique-t-elle au Sénat ? Combien de temps dure le mandat de sénateur ? Comment se renouvelle le Sénat ? Combien de temps dure le vote pour les élections, sénatoriales ? Quel est le siège des deux Chambres ? Depuis quand ? Comment les deux Chambres sont-elles mises en mouvement ? Le Président de la République est-il libre de convoquer et d'ajourner les Chambres comme il l'entend ? Quelle est la durée minima des sessions ordinaires ? Quel est le double sens du mot bureau dans le langage parlementaire ? Quelles mesures les Chambres peuvent-elles prendre dans l'intérêt de leur sécurité ? Quelles sont les prérogatives individuelles des députés et des sénateurs ? Qu'est-ce qu'on entend par immunités parlementaires ? Quel en est le fondement rationnel ? Qu'est-ce que le mandat impératif ? Pourquoi est-il interdit ? Quelles sont les attributions communes des deux Chambres ? Quelles sont les attributions spéciales de laChambre des députés ? Celles du Sénat ? Quelle est l'étendue de la compétence du Sénat, comme Haute Cour de justice ? Cette compétence est-elle toujours exclusive ? — *Procédure de la confection des lois* : Quelles sont les diverses phases de cette procédure ? A qui appartient l'initiative des lois ? Quelles différences y a-t-il entre les projets et les propositions de loi ? Qu'est-ce que la promulgation ? La publication de la loi ? Le pouvoir exécutif a-t-il le droit de sanction ? Qu'est-ce que la caducité ? Dans quels cas se produit-elle ? Quelles sont les règles particulières aux lois de finances ? Quelle est l'étendue exacte du droit de la Chambre des députés en cette matière ? Quelles sont les conditions auxquelles est subordonnée la révision de la Constitution ? Par quelle assemblée la révision est-elle effectuée ? Les Chambres peuvent-elles limiter l'étendue de la révision ? N'y a-t-il pas une disposition de nos lois constitutionnelles qui ne peut être révisée ? Quelle est la portée pratique de cette interdiction ?

III. Limite des pouvoirs de l'Etat à l'égard des particuliers. Des droits de l'homme et du citoyen. — Qu'est-ce qu'on entend par droits du citoyen ? Quelle est l'origine historique de cette théorie ? La constitution de 1875 en parle-t-elle ? Que conclure de ce silence ? Qu'est-ce que l'égalité civile ? Est-ce la même chose que l'égalité des conditions ? Qu'est-ce que la liberté individuelle ? Quelles en sont les conséquences pratiques ? En quoi consiste l'inviolabilité du domicile ? Qu'est-ce que la liberté du travail ? Quelles entraves a-t-elle subie dans l'ancien régime ?

Qu'est-ce que la liberté de conscience, est-ce la même chose que la liberté des cultes ? Quelle différence y a-t-il entre une réunion et une association ? La liberté d'association existe-t-elle ? Quelle loi a réglementé la liberté de réunion ? En quoi consiste la liberté de la presse ? Quelles sont les dispositions fondamentales de la loi du 29 juillet 1881 ? Quelles sont les garanties qui assurent les citoyens contre la violation des droits précédemment indiqués ? Un tribunal peut-il se refuser à appliquer une loi contraire à la Constitution ? Qu'est-ce que le droit de pétition ? Quel en est le but ? Comment il s'exerce ? L'exercice des droits du citoyen ne peut-il pas être suspendu dans certaines circonstances ? Qu'est-ce que l'état de siège effectif ? fictif ? Quelles sont les restrictions apportées à l'exercice des droits du citoyen, dans les places de guerre et les postes militaires, en cas de guerre étrangère ?

TABLE DES MATIÈRES

Pages

NOTIONS PRÉLIMINAIRES. 1

Définition du droit constitutionnel. 1
Diverses sortes de constitutions 1
Différences entre les lois constitutionnelles et les lois ordinaires. . . 2
Plan de l'ouvrage. 3

PREMIÈRE PARTIE

LA FORME DE L'ÉTAT.

Définition de l'Etat 5
Définition de la nation. 5
Diverses formes que peut affecter un Etat 5
Diverses espèces d'Etats composés. 6
Union personnelle 6
Union réelle 6
Union incorporée. 7
Confédération d'Etats et Etat fédéral. 8
Etats-Unis d'Amérique 9
Suisse. 10
Allemagne. 11

DEUXIÈME PARTIE

LES ORGANES SUPÉRIEURS DE L'ÉTAT.

DIVISION DE LA DEUXIÈME PARTIE 13

PREMIÈRE SECTION. — *Principes théoriques de droit constitutionnel.*

Exposé général. 13

CHAPITRE PREMIER. — **De la souveraineté nationale.**

Définition 14
Origine historique 14
Caractères. 15
Comment elle s'exerce ? 15
La souveraineté nationale et le suffrage universel. 16

CHAPITRE II. — **Principe de la séparation des pouvoirs.** .

Définition 16
Origine historique 16
Fondement rationnel 16
Combien y a-t-il de pouvoirs 16
Conséquences de ce principe 17

CHAPITRE III. — **Du régime représentatif avec deux assemblées législatives** . . . .

Division du chapitre 18
Origine historique. — Institutions anglaises 18
La dualité des Chambres vaut-elle mieux que l'unité ? 20

CHAPITRE IV. — **De la responsabilité gouvernementale.** .

Les trois termes qu'elle renferme 22
Origine historique. — Institutions anglaises 22

CHAPITRE V. — **Gouvernement parlementaire ou de cabinet.**

Définition. — Traits caractéristiques. 23
Du gouvernement parlementaire et du gouvernement représentatif . 24
Origine historique 24
Du gouvernement parlementaire en France. 25

DEUXIÈME SECTION. — *Exposé historique des Constitutions françaises de 1789 à 1875.*

1o Constitution monarchique des 3-14 septembre 1791 26
2o Constitution républicaine du 24 juin 1793 28
3o Constitution directoriale du 5 fructidor an III 28
4o Constitution consulaire du 22 frimaire an VIII 29
5o Sénatus-consulte organique du 28 floréal an XII 31
6o Charte constitutionnelle du 4 juin 1814 31
7o Acte additionnel aux Constitutions de l'empire du 22 août 1815. 32
8o Charte constitutionnelle du 14 août 1830. 32
9o Constitution républicaine du 4 novembre 1848 32
10o Constitution du 14 janvier 1852 33
11o Constitution du 21 mai 1870 34
12o Actes constitutionnels de 1871 à 1875 34

Présidence de M. Thiers. 34
Présidence du Maréchal de Mac-Mahon. 35
Institution d'une Commission de 30 membres pour établir la
Constitution 36

SECTION III. — *Règles de l'organisation des pouvoirs publics d'après la Constitution de 1875*.

Constitution de 1875. — Ses caractères   37
Révisions subies par la Constitution de 1875   37
Plan pour l'étude de la Constitution de 1875   38

CHAPITRE PREMIER. — **Du pouvoir exécutif** . . . .

Division   38

I. — *LE PRÉSIDENT DE LA RÉPUBLIQUE.*

§ 1. ORGANISATION   39

Election par l'assemblée nationale.   39
Conditions d'éligibilité   39
Durée des fonctions.   40
Epoque des élections présidentielles.   40
Suppléance de la Présidence de la République.   41
Traitement du Président   41

§ 2. ATTRIBUTIONS   39

1º *Au point de vue législatif.*

a) Mise en mouvement des Chambres.   42
   Dissolution de la Chambre des députés.   42
b) Confection des lois.   43

2º *Au point de vue exécutif.*

Promulgation. — Exécution des lois. — Pouvoir réglementaire.   44
Droit de grâce   45
Commandement en chef de l'armée   46
Présidence des cérémonies officielles.   46
Présider aux relations extérieures.   46

§ 3. ACTES DU PRÉSIDENT DE LA RÉPUBLIQUE   47

Décrets généraux ou réglementaires.   47
Subdivision   48
Décrets spéciaux ou individuels.   48
Subdivision.   48
Recours contre les décrets   49

§ 4. RESPONSABILITÉ DU PRÉSIDENT DE LA RÉPUBLIQUE. . . . . . . ·49

Principe de l'irresponsabilité présidentielle   49
Etendue de cette irresponsabilité.   50
Conséquence de l'irresponsabilité   50
Exceptions à cette irresponsabilité.   50
Règles particulières à la mise en accusation et au jugement du
   Président.   50

II. — *DES MINISTRES.*

Division   51

§ 1. Organisation du ministère 51
   Départements ministériels 51
   Nomination des Ministres. 52
   Traitement. 52
   Conseil des Ministres et de Cabinet. 52
   Sous-secrétaires d'Etat 53

§ 2. Attributions des ministres, ... 54
   Place occupée par les Ministres. 54
   Rapports des Ministres avec les Chambres. 54
   Questions et interpellations. 54

§ 3. Actes des Ministres. 55
   Rapports avec le Président de la République. 56
   Rapports avec leurs subordonnés 56
   Rapports avec leurs administrés. 56

§ 4. Responsabilité ministérielle. 56
   Responsabilité pénale. 56
   Responsabilité civile 57
   Responsabilité politique. 57

CHAPITRE II. — **Du pouvoir législatif.** 58
   Division 58

I. — ORGANISATION DES CHAMBRES.

   Division 59

§ 1. Règles particulières a la Chambre des députés. . . 59
   Caractères des lois qui la régissent 59
   Division 59
     a) *Composition.* 60
   Nombre de députés. 60
   Election au suffrage universel. Mode de scrutin . . 60
   Durée du mandat. 62
     b) *Electorat* 62
   Principe. 62
   Etablissement des listes électorales. 63
     c) *Eligibilité.* 67
   Principe. 67
   Inéligibilités. 67
   Incompatibilités. 69
   Interdiction des candidatures multiples 70
     d) *Procédure des élections* 72
   Convocation des électeurs. 72
   Opérations électorales. 73
   Recensement général des votes. Proclamation des députés . . . 75
   Scrutin de ballottage 75

§ 2. Règles particulières au Sénat 76
  Historique de l'organisation du Sénat 76
  Division 77
    a) *Composition*. 77
  Nombre de sénateurs. 77
  Election au suffrage restreint. Mode de scrutin. 77
  Durée du mandat. 79
    b) *Electorat* 79
  Collège électoral 79
  Elections des délégués sénatoriaux. 81
    c) *Eligibilité* 83
  Principe. 83
  Inéligibilités. 84
  Incompatibilités 84
  Candidatures multiples. 85
    d) *Procédure des élections* 86
  Convocation des électeurs. 86
  Opérations électorales 87
§ 3. Règles communes a la chambre des députés et au sénat. . . 88
  Siège des deux Chambres. 88
  Mise en activité des deux Chambres 88
  Bureau des Chambres 91
  Division des Chambres en bureaux. 91
  Vérification des pouvoirs 92
  Règlement intérieur 93
  Publicité des séances 94
  Sûreté des deux Chambres 94
  Enquêtes parlementaires 95
  Commissions parlementaires 96
  Prérogatives individuelles des membres des deux Chambres. . . 97
  Interdiction du mandat impératif 101

II. — *ATTRIBUTIONS DES CHAMBRES.*

  Division. 103
§ 1. Attributions communes a la chambre des députés et au sénat 103
  Division 103
  Pouvoir constituant. 103
  Vote des lois. 104
  Pouvoir de contrôle à l'égard des Ministres. 104
§ 2. Attributions spéciales a la chambre des députés 105
§ 3. Attributions spéciales au sénat. — Du sénat comme haute cour de justice 105
  Raison d'être d'une Haute Cour. 105
  Etendue de la compétence du Sénat 106

Procédure à suivre. — Loi du 10 avril 1889 107
Organisation 108
Instruction 108
Mise en accusation 109
Jugement 109
Appendice : *Résumé synthétique : Différences entre la Chambre
et le Sénat* 111

CHAPITRE III. — **Procédure de la confection des lois** . . . 113
Division 113

I. — *CONFECTION DES LOIS ORDINAIRES.*

Diverses phrases 113
1° Initiative de la loi 113
2° Discussion de la loi devant la première Chambre saisie. — Dif- 113
férence entre les propositions et les projets de loi 114
3° Transmission à la seconde Chambre 115
4° Discussion et vote par cette Chambre 115
Intervention possible du Conseil d'Etat dans la confection des
lois 116
Caducité des projets et des propositions de loi 116
Promulgation et publication, date exacte des lois 117

II. — *CONFECTION DES LOIS DE FINANCES.*

Définition des lois de finances 119
Règles communes à toutes les lois de finances 119
Etendue de la prérogative de la Chambre des députés 119
Règles spéciales au vote du budget 120

III. — *RÉVISION DES LOIS CONSTITUTIONNELLES.*

Caractère de la Constitution de 1875 120
Initiative de la révision 121
Déclaration concordante des deux Chambres 121
Réunion de l'assemblée nationale 121
Dispositions non susceptibles d'être révisées 121
Etendue des pouvoirs de l'assemblée nationale 122

TROISIÈME PARTIE

LIMITES DES POUVOIRS DE L'ÉTAT A L'ÉGARD DES PAR-TICULIERS. — DES DROITS DE L'HOMME ET DU CI-TOYEN.

Division 124

I. — *EXPOSÉ DE LA THÉORIE DES DROITS DE L'HOMME ET DU CITOYEN.*

Origine de cette théorie. 124
Fondement rationnel. 125
Reconnaissance des droits de l'homme et du citoyen. 125
Silence de la constitution de 1875. Ce qu'il faut en conclure . . . 125

II. — *CLASSIFICATION DES DROITS DU CITOYEN.*

Division 126

§ 1. EGALITÉ CIVILE. 126
En quoi elle consiste 126
Conséquences pratiques qui en découlent 127

§ 2. LIBERTÉ 129
Définition. Diverses espèces. 129

1º *Liberté individuelle.*

Définition 130
Conséquences qui en résultent 130

2º *Liberté du travail du commerce et de l'industrie.*

Principe. 132
Restrictions 132

3º *Liberté de la propriété.*

4º *Liberté en matière religieuse.*

Distinction fondamentale 133

5º *Liberté de réunion et d'association.*

Définitions. 134
Droit de réunion. Loi du 30 juin 1881. 135
Réunions électorales 135
Mesures destinées à assurer le maintien de l'ordre. 135
Prohibitions 136
Droit d'association 136

6º *Liberté de la presse.*

Historique. 137
Réformes capitales de la loi du 29 juillet 1881. 137
Aperçu rapide de ses principales dispositions 137

III. — *GARANTIE DES DROITS DU CITOYEN.*

Notions générales 139
Du droit de pétition. 140

IV. — *SUSPENSION POSSIBLE DE L'EXERCICE DES DROITS DU CITOYEN.*

Etat de siège. 141
Recueil méthodique des principales questions d'examen 146
Résumé en tableaux synoptiques.

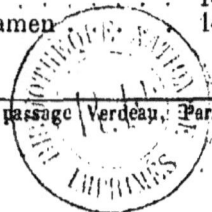

Imp. G. Saint-Aubin et Thevenot, St-Dizier (Haute-Marne). 15-17, passage Verdeau, Paris.

EXTRAIT DU CATALOGUE GÉNÉRAL

BEUDANT, *doyen honoraire, professeur à la Faculté de Droit de Paris.* **Le Droit individuel et l'Etat.** — (Introduction à l'Étude du Droit), 2e édit. 1 vol. in-18. . . . . **5 fr.**

BONFILS (Henry), *doyen honoraire, professeur à la Faculté de Droit de Toulouse.* **Manuel de Droit international public** (Droit des gens), destiné aux étudiants des Facultés de Droit et aux aspirants aux fonctions diplomatiques et consulaires. 1 fort vol. in-18 . . . . **8 fr.**

— **Traité élémentaire d'organisation judiciaire, de compétence et de procédure en matière civile et commerciale.** 2e édit., conforme aux nouveaux programmes des Facultés de Droit et mise au courant de la jurisprudence. 1 vol. in-8. . . . . **8 fr.**

FOIGNET, *docteur en Droit.* **Manuel élémentaire de Droit international public**, à l'usage des étudiants en droit et des candidats aux carrières diplomatique et consulaire, suivi d'un résumé en tableaux synoptiques ; d'une annexe reproduisant le texte de plusieurs décrets récents et d'un recueil méthodique des principales questions d'examen. 1 vol. in-18. **6 fr.**

— **Manuel élémentaire de Droit administratif**, conforme aux nouveaux programmes et mis au courant des lois les plus récentes, suivi d'un résumé en tableaux synoptiques, d'une liste chronologique des ordonnances et décrets les plus importants relatifs au droit administratif et d'un recueil méthodique des principales questions d'examen. 2e édit., 1 vol. in-18. . . . . **6 fr.**

GINOULHIAC, *professeur honoraire à la Faculté de Droit de Toulouse.* **Cours élémentaire d'histoire générale du Droit français public et privé** (matière de l'examen de première année), 2e édit. entièrement refondue. 1 vol. in-8 . . . . **10 fr.**

GIRARD (P.-F.), *professeur à la Faculté de Droit de Paris.* **Textes de Droit romain**, annotés, 1895, 2e édit. 1 fort vol. in-18 . . . . . **8 fr.**

LABORDE (A.), *professeur de Droit criminel à la Faculté de Droit de Montpellier,* **Cours élémentaire de Droit criminel**, conforme au programme des Facultés de Droit, in-8. . . . . **10 fr.**

PIC (P.), *professeur agrégé à la Faculté de Droit de Lyon.* **Traité élémentaire de législation industrielle.** 1re partie, (*Législation du travail*). 1 vol. in-18, 1894. . . . . **6 fr.**

PETIT, *professeur à la Faculté de Droit de Poitiers.* **Cours élémentaire de Droit romain**, conforme au nouveau programme des Facultés de Droit. 1 vol. in-8 . . . . **10 fr.**

SURVILLE et ARTHUYS, *professeurs à la Faculté de Droit de Poitiers.* **Cours élémentaire de Droit international privé**, conforme au programme des Facultés de Droit. — Droit civil. — Procédure. — Droit commercial, 2e édit. 1 vol. in-18. . . . . **8 fr.**

VIDAL, *professeur à la Faculté de Droit de Toulouse.* **Résumé du Cours de Droit pénal**, 1894, 1 vol. in-18 . . . . **5 fr.**

VIGIÉ, *doyen de la Faculté de Droit de Montpellier.* **Cours élémentaire de Droit civil français**, conforme au programme des Facultés de Droit. 3 vol. in-8, 30 fr. chaque vol se vend séparément. . . . **10 fr.**

Imp. G. Saint-Aubin et Thevenot, Saint-Dizier, (Hte-Marne), 45-17, passage Verdeau, Paris.

www.ingramcontent.com/pod-product-compliance
Lightning Source LLC
Chambersburg PA
CBHW052101090426

42739CB00010B/2266